井筒俊彦著

イスラーム哲学の原像

岩波新書

119

序

「イスラーム哲学の原像」と題した本書、その主として意図するところは、イスラーム思想史の屈曲する長い流れの全体を通じて、その河底に、何世紀ものあいだ、ねばり強く生きつづけながら、イスラーム的思惟の動向を今日に至るまで規定し色づけてきた一つの根源的思惟形態をイブン・アラビー系の「存在一性論」(waḥdat al-wujūd)のうちに認めて、それの理論的構造を分析記述するとともに、さらにその表層的構造の下に伏在する深層的実在体験の働きを明るみに出してみようとすることにある。

存在一性論なるものがどういう思想であるかは、本書全体がいわばそれの解明に当る問題であるので、ここでは何もいわない。要するに、観想によって開けてくる意識の形而上学的次元において、存在を窮極的一者として捉えた上で、経験的世界のあらゆる存在者を実一者の自己限定として確立する立場である。いうまでもなく、イスラーム哲学の内容は実に複雑多岐、さまざまな学派が、あらゆるレベルと領域で鎬《しのぎ》を削って対抗しつつ、千年の歴史をなしているのであって、存在一性論だけでその全貌をつくせるようなものではないが、少なくともイスラーム的思惟をその究極的深みにおいて提示する一つの根源形態として、イスラーム哲学の代表とするに値する。

この形而上学に結晶しているものは、いまもいったように、著しくイスラーム的な、つまり絶対一神教としてのイスラームに独特な、思惟形態であるが、しかしそれと同時にまた、中近東・インド・中国のすべてを含めた広い意味での「東洋」哲学のなかに、到るところ、さまざまに違った形で繰り返し現われてくる東洋的思惟の根源的パタンでもある。この点から私は、すぐれてイスラーム的な存在感覚と思惟の所産であるこの形而上学を、たんにイスラーム哲学史の一章としてではなく、むしろ東洋哲学全体の新しい構造化、解釈学的再構成への準備となるような形で叙述してみようとした。こういうといかにも野心的なようだが、いくら野心ばかり大きくとも、実践が伴わなくてはなんにもならない。私がこの本で実際にやったことはまことに微々たるものだ。私は自分の非力を痛感した。

しかしともかくも、東洋哲学の諸伝統は、われわれ日本人によって、未来に向って新しく解釈学的に把握しなおされなければならないというのが現在の私の確信ではある。考えてみれば、中近東・インド・中国にわたる東洋的文化圏の思想伝統は、西洋のそれと較べてはるかに不統一、ほとんど混乱状態のままに放置されているといってもいいくらいで、しかもその一つ一つが長い歴史を背後に曳いている。そのなかで一番若いイスラームは、西暦七世紀の誕生だが、それすら、それが世界的文化にまで発達した場としての古代文明地域を考慮に入れれば、長い複雑な先史をもつといわざるを得ない。

このように錯綜しつつ多層的に積み重ねられた数々の東洋的思想伝統の重みを、われわれは担う。東洋の、そのまた東の辺端にあって、それらの伝統を次々に受容し摂取することによって己れの文化を作り上げてきたわれわれ日本人の、それが思想史的宿命なのだろうか。もっとも、同じ東洋でもイスラーム思想とタルムード期以後のユダヤ思想だけは、奇妙なことに完全に取り残されて、今までのところわれわれの思想文化の構造のなかには入ってこなかったのだが、それとて、世界がこんなに狭くなり、異文化が互いに接触して、地球社会というようなことまでうんぬんされる現状では、これら二つの強大な東洋思想の伝統がわれわれの意識の機構の一部となって、積極的に働き出す日もそう遠いことではないだろう。

とまれ、このような東洋思想の遺産の重層的総体を担いながら、しかも明治以来圧倒的な力で流入してきた西洋思想の影響で多分に西洋化された心をもって世界を意識し、「欧文脈」化された思惟方法でものを考えながら、われわれはこの時、この場所に生きている、そういう実存で、われわれはある。しかもこのように、東洋と西洋という、カール・ポッパーのいわゆる二大文化の「枠組み」の衝突の現場として存在するわれわれの実存には、尖鋭な危機感がただよっているのだ。この危機は衝突が対話に変っていかないかぎり、決して乗り越えられることはないだろう。こういう意味において、われわれは自分が意識的あるいは無意識的に担っている東洋的思想文化との実存的関わりの意義を、いまここで反省し検討しなおしてみる必要があるのではなかろうか。

だがしかし、さまざまな東洋思想の伝統は、ただそれ自体として、歴史的、文献学的に研究されているだけでは、あるいはたんに学派的、宗派的に有難がられているだけでは、現代の世界に生きる価値を喪失していくほかはないと思う。現代には現代の生きた問題がある。現代思想には、現代に生きる人間としてのわれわれの実存に直結し、そこから自然に湧き上ってくる問題があり、またそれに対応する独特の視座があるはずだ。このような現代的人間の切実な関心において、現代の視座から、東洋の思想伝統を、まだまったく摂取されていないイスラームやユダヤ教の思想まで先取りしながら、批判的に考究し、採るべきところは採り、捨てるべきところは捨てて、そこに新しい東洋思想の、未来に向っての地平を開いていかなければならない。

東洋思想文化の重要な構成要素として、今後われわれ日本人の意識構造のなかに一つの座を占めることになるであろうイスラーム思想についてこの本を書きながら、私はこんなことを取りとめもなく考えていたのだった。はたして私のこの考えが幾らかでも実現されたかどうか、私は知らない。しかし、いずれにしても、こうした意図をもって、こうした見地から、イスラーム哲学の一つの決定的な局面を叙述することによって、イスラームのことは全然知らないが、インドや中国の思想には親しんできたというような方々のために、イスラームが哲学的には一体どんなことを問題にしているのかを少しでも理解しやすくすることはできたのではないかと思う。

もっとも、こういう「東洋」の把握のしかたそのものが問題だと思われる向きもあるかも知れない。事実、最近では、いわゆる「オリエント」とは西洋人が自分たちの立場から勝手に付けた名称で、本当はこの文化圏は東洋でも西洋でもない、「中洋」とすべきだという意見も出されているし、またイスラームの内部でも、特に完全に欧米的な教育を受けた知識人のなかには、イスラーム文化の伝統はもはやなんの生命力もない過去の遺物にすぎない、われわれは人種的には白人だ、われわれの文化はヨーロッパ文化だ、などと主張する人も多数あって、意見は実にまちまちである。こうなればもう、「東洋」をどう受けとめるかは、個人個人の意識の問題である。そしてこういう観点からすれば、私が上に述べたことも、私自身の「東洋」意識にもとづいた、結局私だけの今後の仕事のプログラムにほかならないということになるだろう。だが、それは私にはどうにも仕様がないことなのだ。主体的、実存的な関わりのない、他人の思想の客観的な研究には始めから全然興味がないのだから。ただ私のこうした主体的関心のゆえに、イスラーム哲学の精神そのものを歪曲して提示するようなことだけはなかったであろうことを願っている。

次に、本書が主題的に取り扱う「存在一性論」なるものが、イスラーム哲学史全体のなかで、どのような位置を占めるものであるのかを、ごく手短に説明しておこう。

イスラーム哲学は、歴史的に次の三つの時期に分けるのが現在の先端的イスラーム学の常識である。

(一)イスラーム生誕から十二世紀末葉まで。ギリシア的叡知をこよなく愛したバグダードのアッバース朝教主《カリフ》の下、ギリシア科学と哲学の原典がこの時期の最初に次々翻訳された。

特に哲学の分野ではアリストテレスの諸著作とその新プラトン派の註釈が、慎重なテクスト批判にもとづいて、驚くべき正確さをもって原文からアラビア語に移された。やがて、この翻訳テクストに依拠しつつ、独創的な思想家たちが現われ始める。その代表は、まずキンディー(al-Kindī, 歿年 ca. 873)、次いでファーラービー(al-Fārābī, 872–950)、そして最後にイブン・スィーナー(Ibn Sīnā, 980–1037, ラテン名アヴィセンナ Avicenna)、ガザーリー(al-Ghazālī, Muḥammad, 1058–1111, ラテン名アルガゼル Algazel)、イブン・ルシド(Ibn Rushd, 1126–98, ラテン名アヴェロイス Averroës)の三人で絶頂に達する。この時期の哲学は、新プラトン主義的に解釈されたアリストテレスの思想のなかに、まったくそれとは系統を異にするイスラーム的信仰の神(アッラー)の概念を導入して体系化した一神教的スコラ哲学であって、やがてこれがラテン語に翻訳されて中世カトリック教会に入り、その後、長くヨーロッパ哲学の史的形成過程に甚大な影響を及ぼすことになる。

(二)十二世紀後半から十七世紀の半ばまでの時期。第一期の代表者アヴィセンナはイラン人である。いま述べたように、西洋に知られた彼は純然たるスコラ哲学者であるが、実はスコラ哲学はアヴィセンナが本当の自分の哲学と認めたものではなく、この方面での彼の仕事は、ただ自分が理解し得たかぎりでのギリシア哲学をイスラーム的見地から祖述したものにすぎない、と彼自身明言しているとおりで、自分の独創的哲学としては彼は別に「東洋哲学」(ḥikmah mashriqīyah)なるものを構想していた。これは彼の晩年の主著である『示唆と指示』(al-Ishārāt wa-al-Tanbīhāt)の最後の部分や幾つかの小論文、寓話などに主題化されている神秘主義的実在体験を基礎として、その上に立つ独自のグノーシス的哲学になるはずであったが、惜しくもたんなる企画に終わって、彼は他界した。

アヴィセンナの実現することのできなかったこの新しいイスラーム的哲学を実際に作り出したのが、第二期の初頭を飾る二人の神秘家・哲学者、イブン・アラビーとスフラワルディーとである。この意味において、本書の主題をなすイブン・アラビーの存在一性論的形而上学は、まさにアヴィセンナの遺志を継ぐものと言うことができるのである。

そしてこの哲学は、もう一方のスフラワルディーの照明学的哲学とならんで、イランを舞台として目ざましい発展をとげ、十六―十七世紀に至って、シーラーズのモッラー・サドラー(Mollā Ṣadrā, 1571–1640)において両者合流し、サファヴィー朝の華やかな知的文化を背景に、シーア派的イスラーム哲学として輝かしい展開を示すことになる。

㈢十八世紀の前半、サファヴィー朝がアフガン人の侵攻によって崩壊した時から、カージャール朝を経て現代まで。この時期には、全イスラーム文化圏に衰頽の気が暗くたれこめて、真に独創的なイスラーム哲学者は生れない。ただイランでは、モッラー・サドラーの衣鉢《いはつ》を継ぐ多くのモッラーたち(法学・神学・哲学を一つの有機的な学問体系として、専門的に研修する人々)が、各地のマドラサ(宗教学校)を拠点として知的活躍を続け、モッラー・サドラーを通じて一体化した存在一性論と照明学的哲学の伝統を断絶させずに今日に伝える。この第三期の哲学史上最大の名は、サブザワーリー(Hādī Sabzawārī, 1797/8-1878)である。現代イランの第一線で活躍しているモッラーたちの哲学は、ほとんど例外なくこの系統である。

以上、三期の簡略な説明からもわかるとおり、遠くアヴィセンナに淵源し、イブン・アラビーによって確立された「存在一性論」は、十三世紀以来現代に至るまで、イスラーム哲学発展史の舞台としてのイランにあって支配的位置を維持し続けた大思想潮流であって、この思想の構造を、その形而上学的体験の深部にまで掘り下げて考察することによって、人はイスラームそのものの内部にひそむ哲学的問題性にじかに触れ、イスラーム哲学の基底にあるものを垣間見ることができるのである。

本書は、イブン・アラビーおよび存在一性論を主題とする二つの講演から成るもののように外見上は作られているが、本当は、三つの独立した講演がもとになっている。その第一は、一九七九年、五月二十二日、二十九日の夕べ、岩波市民講座のプログラムの一環として行った講演で、その筆録は雑誌『思想』の同年八月号と十月号に掲載された。「イスラーム哲学の原点」上・下がそれである。

第二は、数年前、ハワイ大学の東西哲学センターでの公開講演。存在一性論の体験的基盤としての「ファナー」(自我消融)と「バカー」(自己存続)の意識構造を主要テーマとする。

第三は、イスラエルに招かれて、エルサレムのヘブライ大学、アジア・アフリカ研究所で行った特別講演で、主題的に「ファナー」「バカー」によって開かれた深層意識の実在ヴィジョンが、どのような形而上学の構造として結実するかを論じたものである。イスラエルでのこの講演は、ユダヤ神秘主義、わけてもカッバーラー(qabbālā)の世界最高の権威としてヨーロッパの学界に君臨するゲルショム・ショーレム博士、イスラーム哲学とユダヤ哲学についての該博な知識、特にマイモニデスの理解にかけては現代世界にならぶものなしとされるピネス教授、新プラトン主義哲学の自然学、空間論・時間論で前人未到の研究領域を拓きつつある原子物理学者サンブルスキー教授をはじめ、人文科学関係のお歴々を「聴衆」とするといういっぷう変った講演会で、私にとっては意義深い経験だった。講演の後で、イスラーム哲学がこれほどまでにユダヤ神秘主義と通じ合う面をもっていたとはいままで知らなかった、とショーレム夫人が洩らされた言葉がなんとなく印象深く耳に残った。

しかし時あたかも、アラブ・イスラエル紛争をめぐって中東の風雲ようやく急を告げる一九七〇年の冬、大学の構内を一歩外に踏み出せば、古都エルサレムの市街にも銃器に身をかためた兵士たちが往来し、緊迫の気が重苦しく立ちこめていた。それがひどく対照的だった。

だが閑話休題ということにしよう。いま本書を岩波新書のために編むにあたって、第二、第三の外国語での講演筆録を自分の手で日本語に移すことになったのだが、この二つの講演は、取り扱った問題の性質上、重複している個所が相当に多いので、ここでは二つを併せて単一の講演の記録のような形に作り変えてみた。それが本書の第二部をなす「存在顕現の形而上学」である。

こういう、いわば人為的な操作を加えたために、全体の作りが螺旋状にぐるぐるめぐりながら進行する低徊《ていかい》的な叙述形式になってしまった。私としては日頃あまり好まない形式でもあり、また事実上、繰り返しが多くてやや煩わしいところもあるが、こういう思想の展開法にも、またなにがしかの長所があるかも知れないと考えて、そのままにすることにした。

最後に、市民講座の企画以来、本書のこの形での出版に尽力された岩波書店編集部の合庭惇氏、新書担当の木村秀彦氏ならびに煩労の多い校正の仕事を引受けられた田中博明氏に謝意を表してこの序の終りとしたい。

一九八〇年二月二日

鎌倉にて

著者

目　次

第二回講演

目　次

第一部　イスラーム哲学の原点

――神秘主義的主体性のコギト――

第一回講演

I　問題の所在

本日は皆様このようにお集まりくださいまして、まことにありがとうございました。ただ、貴重なお時間がむだにならなければいいがと案じております。なにぶん私、この二〇年間というもの日本の学界にすっかりご無沙汰してしまいまして、講演はおろか、講義一つしておりませんので大変、経験不足でございます。そのうえ、この市民講座の主催者側のご希望としては、訳のわからないことは一切いわないでほしい、すべて明瞭に、はっきりわかるようにというご希望らしゅうございます。しかし、私の今日の主題は神秘主義という主題でございまして、字をごらんになればわかりますとおり、神の秘密なのですから、それに実は訳のわからないほうがかえって本当ではないかと思うような節もございます、外国語でミスティシズム(mysticism)といいますと、語源的には要するに「口を閉ざす」

「黙っている」ということでして、結局、言わないほうがいいことを言うことになりますし、本当は訳のわからないはずのものを訳のわかるようにするというのですから、だいぶ無理があるのではないかと思います。できるだけやってみますけれども、もしお気に召さない点がございましたらば、事情をおくみとりのうえ、お許し願いたいと思います。

そこで、さっそく、「イスラーム哲学の原点」という題でございますが、この「原点」という言葉をここでは複数的に理解していただきたいと思います。つまりいくつかの原点がある。そのなかの一つをとくに選び出してお話するということであります。事実、イスラーム哲学の発展史を考察してみますと、そのいろいろな段階にいくつかの違った原点的なものが認められます。いちばん究極的な段階までさかのぼりますと原点はたった一つ、聖典コーランということになります。実際イスラーム自体の立場から申しますとこのように考えるのがいちばん正しいのでありまして、要するにコーランがイスラームのすべてなのであって、宗教や神学ばかりでなく、法学でも哲学でも、なんでもすべてイスラーム的なものはここに究極の原点をもつということになります。しかしイスラームの哲学としましては、原点をそこまでもっていってしまいますとあまり距離が遠すぎまして、複雑なイスラーム哲学のいろいろな具体的な側面が見えなくなってしまいますので、私は今回はイスラーム哲学が歴史的にギリシア哲学の延長的発展としてのあり方を超えまして、まったく新しい、真にイスラーム的といえるような新しい局面に入り始める西暦十三世紀まで段階を下げまして、そこに生起したある新しいイスラーム的事態のなかにイスラーム哲学の原点を、あるいは原点の一つを認めてみたいと思います。

イスラーム哲学の歴史的流れのなかに、そしてまた、イスラーム哲学の本質的構造自身のなかにいくつかの原点を認めるということは、イスラーム哲学に対してわれわれの側にいくつかの根本的な視座を立てるということであります。事実イスラーム哲学とかイスラーム思想とかひとくちに申しますが、そのなかに自分で踏みこんでみますと、歴史的にも構造的にも、それは実にさまざまな異質的な要素が限りなく錯綜し、紛糾する世界でありまして、そのままでは手の下しようもありません。この渾沌たる世界にいくつかの大筋を引いて、何とか全体に見通しをつけるためには、まずわれわれの側にいくつかの決定的な視座を立てる、つまり対象の側から申しますと、イスラーム哲学のなかにいくつかの原点を見つけてくるということがどうしても必要になってまいります。どこにそういう原点を見つけるか、あるいはどういう視座をわれわれの側に設定するか、それが第一の問題であります。

簡単に結論だけ申し上げますと、私は神秘主義的な実在体験と、哲学的思惟の根源的な結びつき、両者の歴史的ならびに本質的な接点をそのような原点の一つとして立ててみたい。そしてそれを視座として、そこから、つまりその原点から自然に展開してくる思想動向としてイスラーム哲学を眺めてみたいと思っております。実はこういう見方をいちおう立てましても、これは西暦十二世紀以前のイスラーム哲学に対してはほとんど無効であります。つまり最初期のイスラーム哲学にはそういう原点は見当りません。しかし、西暦十二世紀、とくに十三世紀以後、つまりモンゴル人のイスラーム世界制覇を転機としまして、それ以来、近代・現代に至るイスラーム哲学の形成には神秘主義と哲学の融合ということが、たしかに一つのきわめて重要な原点として働いており、しかもそれがイスラーム哲学の主流を決定しているとさえいえるのではないかと私は思います。この神秘主義と哲学の接点という問題をこれから二回にわたってお話してみようというのでございます。

イスラーム文化の内部に発達しました神秘主義のことを西洋ではふつうスーフィズム(Sufism)と申しまして、神秘主義的体験の主体、すなわち神秘家のことをスーフィー(Sufi)

と呼びならわしております。むろん、スーフィズムとは西洋の東洋学者たちが作り出した術語でありまして、アラビア語の原語ではスーフィズムとは申しません、タサッウフ(taṣawwuf)と申します。しかし、スーフィーという言葉は使います。この言葉はスーフ(ṣūf)という語から明らかに出たものでありまして、ṣūf という言葉に i という接尾辞をつけまして ṣūfī スーフ的なもの、スーフに関係するもの、あるいはスーフに関係する人という意味を表わします。ところで、スーフと申しますのは羊毛のことです。ですからスーフィーというのは羊の毛の着物を着た人、つまり粗い羊の毛をそのままざっくり織ってつくった粗末な着物を一枚、肌にじかに着ている人ということになるのでありまして、事実このような着物は昔のアラビア砂漠では禁欲苦行のしるしだったのであります。そういう着物を着て苦行の道に携わっている人、それをスーフィーといったのだと、そういうふうにふつうはいわれております。しかし実を申しますと、これは一種の通俗的解釈でありまして、本当はこの解釈が言語学的に正しいのかどうか、正確にはわかっておりません。ちょっと奇妙なことですが、スーフィーというこの簡単な言葉の語源が未だに本当はわかっていないのであります。しかしそれは私の今度の主題にはあまり関係ございませんので、そのままにしておくことにいたしまして、私もイスラーム神秘主義とか、イスラームの神秘家というかわりに、簡単にスーフィズム、スーフィーという言葉を便宜上使ってこれから話を進めていくつもりでおります。

II　スーフィズムと哲学の合流

そこでまず最初にご注意願いたいことは、スーフィズムと哲学とは元来それ自体としては互いに関係のない二つのもの、歴史的にも理念的にもまったく別のものであったということであります。その起源から申しましても、その内的精神から見ましても、まったく関係のない二つの潮流がイスラーム思想の歴史的発展の過程において複雑に絡み合ってまいります。つまりあるときは鋭く意識的に対立し、そうかと思うとまたあるときは互いに意識的、無意識的に親しく接近しまして、こうして敵対的、友好的に接触し合っていくうちに、ついに融合して一体となるに至ります。その起源においてお互いに赤の他人だったスーフィズムと哲学とがどうしてこのように接近し、混淆し、融和して一種独特の、真にイスラーム的といえるような哲学をイスラームの内部につくり出すに至ったのか、そこに問題があります。

事実、イスラーム、とくに西暦十三世紀以降のイスラームにおいては、スーフィズムと哲学の接点に一つのまったく新しい哲学形態が成立するのでありまして、そのような哲学を術語的にイルファーン('irfān)と申します。神秘主義的哲学とでも訳したらいいかと思いますが、字義的にはイルファーンというのはだいたい超越的認識というような意味であります。これをまたヒクマット(ḥikmat)の哲学とも申します。ヒクマットとは英語でwisdomなどと訳しますが、ふつうの知恵とか知識とかいうのではなくて、だいたい仏教でいうプラジュニャー(prajñā)、つまり般若《はんにゃ》、般若の知恵というような意味であります。すなわちイルファーン、あるいはヒクマットの哲学というのは存在の神秘主義的体験、ないしは神秘主義的ヴィジョンにもとづく哲学、スーフィー的主体のコギト「われ思う」から出てくる哲学なのでありまして、それがとくにイランにおいては哲学の主流として今日まで連綿とつながって続いてきております。

いま私はスーフィズムと哲学の接点ということを申しました。この接点という言葉は歴史的接触点という意味にも、また本質構造的接触点という意味にもとれますが、今回は私はとくにこの第二の意味でのスーフィズムと哲学との接点を主題的に取り扱ってみたいと思います。そうしますと、スーフィズムと哲学との接点は、いまちょっと申しましたスーフィー的主体のコギト「われ思う」そのもののうちに認められなければならないということになります。神秘道の修行者が長い修行のあとでスーフィー的主体、すなわち日常的「われ」とはまったくちがったスーフィー的「われ」を自覚したうえで、その「われ」が哲学的にものを考え出す、その「われ思う」は、同じコギトであってもデカルト的コギトとはまったくちがった次元における、まったくちがった性質のコギトでなければなりません。なぜなら、「われ思う」の「われ」がまったく違う「われ」なのですから。その神秘主義的「われ」がふつうの経験的認識や行為の主体としての「われ」、いわゆるエゴとどう違うか、どんなプロセスを経て成立するものであるかということは、これからだんだんご説明いたします。

Ⅲ　スーフィズムと哲学の歴史的接点

いま申しましたように、今回の私の主題はイスラームの神秘主義、すなわちスーフィズムとイスラーム哲学の本質構造的接点ということでありますので、両者の歴史的接点ではございませんが、しかし、叙述の都合上、この主題に入る前に、ここで歴史的接点についてもごく簡単にご説明しておく必要があるかと思います。神秘主義と哲学とは、イスラームの思想史のある時点において実にはっきりした接点を見出します。しかもわれわれはこの歴史的接点をかなり正確に位置づけることができる。すなわち、時代的にそれは西暦十二世紀の後半から十三世紀の前半にかけて起ったイスラーム思想史上の大事件であることがわかっているだけではなくて、しかもそれがどういう思想家の、どの本の、どういう思想において実現したかということもかなり明確にわかっています。くわしいことはここではいっさい省略いたしますが、神秘主義と哲学との歴史的接点を見出した人というのは、十二世紀から十三世紀にかけて現われた二人の最も偉大なイスラームの思想家でありまして、その一人はイランの哲学者スフラワルディー、もっとくわしくはシハーブッ・ディーン・ヤフヤー・スフラワルディー (Suhurawardī, Shihāb al-Dīn Yaḥyā, 1155–91)。もう一人は、こんどはアラビアの哲学者でありましてイブン・アラビー、詳しくはムヒーッ・ディーン・イブン・アラビー (Ibn 'Arabī [Ibn al-'Arabī], Muḥyi al-Dīn, 1165–1240)。なお、この人の名前はイブン・アラビーとも、また 'Arabī という言葉に定冠詞をつけて、Ibn al-'Arabī イブヌ・ル・アラビーとも読みます。どちらでもけっこうです。

このイブン・アラビーという人は広大なイスラーム世界、すなわちいわゆるサラセン帝国の西の端にあたるスペインに生まれ育った純粋なアラブ人であります。その円熟期にコルドバの都を捨てまして、東に旅し、シリアの都ダマスカスに居を定めて、そこで活躍しそこで死にました。人、呼んでアッシャイフル・アクバル(al-shaikh al-akbar)、すなわち「最大の師」と申します。akbar とは「最も偉大な」という形容詞の最上級、shaikh は「師匠」という意味です。「最大の師」というこの称号が示すように、イスラーム哲学の発達に及ぼしたこの人の影響は実に計り知れないものがあります。その影響は十六世紀イランのモッラー・サドラー(Mollā Ṣadrā, 1571–1640)で頂点に達しまして、その後イスラーム、とくにイラン的シーア派のイスラーム哲学の主流として今日に及んでおります。

一方、スフラワルディーは現代イランのザンジャーンに近いスフラワルドという村に生まれた純粋なイラン人であります。スフラワルディーとは「スフラワルド生まれの人」という意味であります。彼もまたシリアに移りまして、シリアの都アレッポで死にました。この人はシャイフル・イシュラーク(shaikh al-ishrāq)つまり「照明学の師」という称号で知られております。イシュラークとは西洋のイルミナチオ(illuminatio)、照明、照明体験、光の体験ということです。イブン・アラビーと並ぶ偉大な思想家であります。

こうしてイブン・アラビーとスフラワルディー、一人はアラブ人、一人はイラン人、ともにシリアを終焉の地といたしました。シリアはその当時、イスラームの知的文化の一大中心地だったのであります。くわしいことはここで申しませんけれども、とにかくこの二人の思想家において神秘主義と哲学とは直接に接触し、完全に融合し、先に申しましたイルファーン、つまり神秘主義的哲学としてイスラーム思想史に新しい章を開くに至るのであります。

はじめに申しましたように、もともとイスラームにおいては、神秘主義と哲学とはまったく別の二つの文化現象であります。別の起源から起って、それぞれ別の道をたどって、いわば平行線として発達してきた互いに異質の思想系統であります。もっとも、そうは申しても、スーフィズムはその発展のわりあいに早い時期、すなわちイブン・アラビーやスフラワルディーの活躍する時代よりずっと以前に、すでに後期ギリシアの新プラトン派の哲学と接触しまして、その影響を受けて独特の理論を展開し始めます。したがって、この点では独自の形で早くから哲学にふれていたといえないことはありません。つまり哲学としての新プラトン主義と接触していたという意味で。また一方、哲学のほうもその主流はあくまでアリストテレス主義ではありましたけれども、イスラームに導入されたアリストテレス主義、アリストテレス哲学というのは、すでにはじめから新プラトン的に解釈された、多分に新プラトン化されたものでありましたので、その意味でイスラーム哲学のほうも、はじめから神秘主義にふれていたといえないことはありません。なぜなら、アリストテレスをプロティノス風に解釈する過程を通じて、いやでも神秘主義としての新プラトン主義と関わりをもたざるを得なかったからです。こう考えてみますと、イスラームでは神秘主義と哲学とは新プラトン主義の思想にその最初の歴史的接点を見出したということになるのであります。しかし、新プラトン主義を共通要素としてもつとはいえ、とにかく事実上は神秘主義と哲学とは、それぞれまったく違った問題を、まったく違った態度で追究していったのでありまして、両者は互いに鋭く対立し、久しく敵対関係にあったのだということのほうが、イスラーム思想史の形成過程を理解するうえではずっと重要であります。

もともとスーフィズムなるものはその本来のあり方においては禁欲苦行の道、修行の実践道でありまして、思想ではありませんでした。アッバース朝の時代の栄耀栄華がもたらした現世的快楽の誘惑を嫌って砂漠に入り、隠遁者、世捨人となり、来たるべき最後の審判を怖れて敬虔な祈りに日夜、神を思い、ひたすら神に仕える人たちの苦行の道だったのであります。やがて新プラトン主義の思想やグノーシスの影響によって、この苦行的修行の実践道もしだいに思想化されてはまいりますが、そうなっても依然としてスーフィズムは愛の喜びだとか、恋の悩みだとかについて語り、神に対する人間の魂の思慕の情、恋慕の情の上に立つきわめて主体的体験的なものだったのであります。思想というよりはむしろ情緒、冷たい知性の働きではなくて、燃え上がる情念。思想としても合理的思想ではなくて、情的思想でありました。

他方、哲学のほうは、これはファルサファ(falsafah)と申します。もともとギリシア語のフィロソフィアー(φιλοσοφία)をそのままアラビア語に転写したものでありまして、こういう言葉が選ばれたということ自体、すでにそれのギリシア哲学的起源をはっきり物語っております。しかも、ここで「哲学」、フィロソフィアーというのは新プラトン主義によってかなり潤色されたものであるとはいえ、根本的にはアリストテレスの哲学であります。もちろんプラトン哲学もたくさん入ってまいりました。けれども、主流とはなりませんでした。主流はあくまでアリストテレスの論理学「オルガノン」と自然学と形而上学の三つであります。つまりファルサファとは、簡単に申せば、ギリシア哲学をイスラーム的コンテクストにおいて一神教的な教義、あるいは一神教的信仰に適合したような形で展開したものであります。その形態においても精神においても、西洋中世のトマス・アクィナスなどに典型的に代表されるような哲学と並行する純粋、純然たるスコラ哲学であります。

歴史的に申しますと、このイスラーム哲学ファルサファはアリストテレスの著作をギリシア語からアラビア語に翻訳する作業に始まるのですが、その発展史の第一期は、イランの哲学者イブン・スィーナー(Ibn Sīnā, 980–1037)、西洋でいわゆるアヴィセンナ(Avicenna)。それからアラビアの、といっても地理的にはコルドバを根拠地とするスペインのことですが、アラビアの哲学者イブン・ルシド(Ibn Rushd, 1126–98)、西洋でいういわゆるアヴェロイス(Averroës)の二人に至って頂点に達します。ついでながらこのAvicennaという名前、日本の中世哲学専門の方はよくローマ・カトリック教会で広くつかわれてきたイタリア式の発音でアヴィチェンナとお読みになります。また古典ラテン語の発音そのままにアヴィケンナとお読みになる方もございますが、元来これはイブン・スィーナーという言葉をユダヤ人の発音を通していわば聞き違え、聞き損ってできた言葉でありますので、アヴィセンナというのがいちばんもとに近いのではないかと思います。ともかく私はアヴィセンナとこれからずっと申します。イブン・ルシドのほうも、これは大変ひどい聞き違いをしたものですが、西洋人はアヴェロイスというふうにして伝えてまいりました。この二人がイスラーム思想界に活躍したのは、時代的には西暦十一世紀、十二世紀のことであります。

IV　アヴェロイスとイブン・アラビー

アヴィセンナはイラン人、アヴェロイスはアラブ人でありますが、アヴィセンナのほうはアヴェロイスからさんざん批判され、非難されました。なぜそんなに批判されたかといいますと、アヴィセンナはその哲学形成において非常に強く新プラトン派の影響を受けておりまして、彼のアリストテレス解釈というものが著しく新プラトン主義であったからであります。アヴェロイスの立場からすると、これはアリストテレス哲学の歪曲にほかならなかったのです。アリストテレスの思想がイスラームに歪んだ形で入ってしまった最大の責任はアヴィセンナにあるというのであります。そればかりではなく、アヴィセンナという人は自分でも主体的に神秘主義、スーフィズムに強い関心をもっておりまして、神秘主義に関する著作も少しは残っているぐらいで、アヴェロイスのような純粋なアリストテレス主義者に言わせれば純粋な哲学者ではなかったのであります。

アヴィセンナを批判したアヴェロイスのほうは、少なくとも自分のつもりでは、徹底したアリストテレス主義者でありまして、自分の哲学がスーフィズムと正面から対立しているということをはっきり意識しておりました。ファルサファ、哲学とスーフィズムの対立をこれほど明確な際立った形で示す場合は、イスラーム思想史の上でほかにはございません。この点につきまして興味深い話がいくつか伝えられております。今回の私の主題と深い関わりがありますのでそれをちょっとご紹介しておきたいと思います。

その話と申しますのは、このいま申しましたスコラ哲学の巨匠、スペインの大哲学者のアヴェロイスと、さっき神秘哲学、イルファーンの代表的思想家として名前をあげましたイブン・アラビー、この二人のなんとなく因縁的なと申しますか、運命的なと申しますか、奇妙な出会いであります。イブン・アラビー、これはさっき申しましたが、もともとスペインの都コルドバのスーフィーであります。アヴェロイスもまたコルドバの哲学者でありますす。二人とも純粋なアラブ人です。イブン・アラビーがまだ紅顔の少年だったころ、アヴェロイスはもう老人で、すでにスペインと北アフリカに令名高い大哲学者でありました。ところで、たまたまイブン・アラビーの父親というのがこのアヴェロイスの親しい友人だったのです。少年イブン・アラビーの異常な精神的能力、これがすでにそのころ世に聞こえておりまして、まれにみる神童として世間の噂のタネとなっておりました。噂を聞いて好奇心を誘われたアヴェロイスは、この世にも不思議なといわれる少年に一度会ってみたいと思いまして、ひそかに父親に会わせてくれと頼みます。ところが、そのころイブン・アラビーはもうだいぶ気難しい少年だったらしくて、まともにアヴェロイスに会ってこいなどと父親がいいましても、そのまま素直におとなしくいうことを聞くような子供ではございません。そこで、一計を案じたお父さんは何食わぬ顔をして、さりげない用事を考え出しまして、少年をアヴェロイスの屋敷にお使いに出してやるのです。このところはイブン・アラビー自身があとで面白い回想録を書いております。それに拠ってお話してみます。

アヴェロイスの家に着いて部屋に通されると、老先生は席から立ってきて――というのは、これは並々ならぬ好意と敬意を表したということです。イスラーム世界ではふつうの習慣では、老人が自分を訪ねてきた若者を迎えて席を立つなどということは絶対にございません。ところがアヴェロイスは席から立ってまいりまして、にこやかに少年を迎え、やさしく肩を抱いて、ただ一言「そうか?」と申しました。これに対して少年は「そうだ」と答えました。ただそれだけの対話です。一方が「イエス?」と聞く、他方が「イエス」と答えるということですね。まあ、そこまでは大変けっこうだったんです。この返事を聞いて老先生アヴェロイスは湧き起る歓喜に異様な興奮を示したとイブン・アラビーは回想録に書いております。ところがこの「イエス」がアヴェロイスの場合、どんなところから出てきたかということを即座に悟った私は――と、イブン・アラビーが申しております――突然、これと正反対の「ノー」という言葉を老人に投げつけてやった。そしてつけ加えていうのに「イエスとノー」、この「イエス」から「ノー」への移り変りの道程で精神は質量から離脱し、頭は胴体から切り離される、と。これを聞いたとたんにアヴェロイスは顔面蒼白となり全身に震えがきて、それきり一言ものをいわなくなったと、イブン・アラビーはその場の模様を書いております。

イエスとノー。イエスとは積極的な思弁哲学的思惟の道と、それを通じて確立される神と実在の哲学を肯定すること、ノーとは神と実在とを現象的意識において否定しつつ、その否定の道の極処、無の深淵において開顕する絶対者に逢着しようとする神秘道のことであります。質量的なものに纏綿された肉体的「われ」の思惟であるスコラ哲学と、質量的な要素を離脱して純粋精神に変貌し、いっさいの存在者を無に帰しながら、万有無化の道をたどりつつ、自ら無の主体となる、スーフィー的体験の否定道とがここに際立った形で対照的に現われております。そしてまたイブン・アラビーばかりか、スコラ哲学の大立者だったアヴェロイスすら、この二つの道の鋭い対立をいかに生き生きと実存的に意識していたかということを如実に物語る面白いエピソードであります。哲学とスーフィズムの対立、哲学と神秘主義の対立、われわれが観念的に考えるような生易しい対立ではなくて、命を賭けた対立であったということがよくわかります。

イブン・アラビーとアヴェロイスの邂逅《かいこう》はあとにも先にもこれ一回きり、二人はついに再び相見ることはありませんでした、少なくともこの世に生きているあいだは。と申しますのは、実はイブン・アラビーはもう一度アヴェロイスの死の直後、屍《しかばね》となったこの大哲学者と出会っているからであります。西暦一一九八年のことです。モロッコで死んだこの哲学者アヴェロイスの遺骸がコルドバに運ばれてきました。当時のアラブ世界では重い荷物を運ぶときはたいていロバを使います。現代でもよく見る光景ですが、ロバの背中に振り分け荷物にしまして、右と左に重さの均衡《バランス》をとって運びます。この場合にも片方の袋にはアヴェロイスの死骸、反対側の袋のなかには世に有名なアリストテレスの『形而上学』の厖大な註釈をはじめとするアヴェロイスの著書がひと揃い全部入っていたといわれます。左右の均衡をこのようにしてとりながらロバがやってきます。それをイブン・アラビーは二人の親しい友だちといっしょに眺めておりました。これもまた運命的な匂いのする光景です。それを眺めながら、イブン・アラビーがこう申しました。「見るがいい、片方には哲学者の屍、もう一方には彼の全著作。アヴェロイス、彼はいったい自分の本当に望むところをあれで果たすことができたのだろうか」と。

自分の死骸と、自分が一生かけてやった仕事とちょうど重さが同じとは。なんとなく悲哀に満ちた同情とも聞こえます。痛烈な皮肉とも聞こえます。またイブン・アラビーのような精神的な人間の場合には何か恐ろしい呪詛《じゅそ》のようにも思われます。いずれにしても、哲学を事とするわれわれの心の深みにしみ込むような象徴的光景であり、象徴的な言葉であります。それかあらぬか、アヴェロイスの哲学は彼一代ではかなく消えてしまいます。彼には優れた後継者もなく、イブン・アラビーの思想のようにイスラームの東方世界に移ってそこで栄えるということもなく、後世のイスラーム哲学の発展に影響することもついにありませんでした。こういう後世に対する影響という点では、その栄光はすべて皮肉にもアヴェロイスが一生かけて撃滅しようとしたアヴィセンナのものになってしまいます。アヴェロイス自身の哲学は、イスラーム世界ではなくて、むしろ西欧のカトリック思想界で強力に働くことになるのでありまして――といってもアヴィセンナの思想と並んででありますが、皆様よくご承知のようにトマス・アクィナスに決定的な影響を与えまして、その後長くいわゆるラテン・アヴェロイスムとしてローマ教会内部に大変な波紋を引き起すのであります。しかし、今回の私の主題から見てそれより重要なことは、いまお話いたしましたような形で思弁哲学に鋭く対決したイブン・アラビー自身において、やがて神秘主義と思弁哲学は融合一体化して、ついにイルファーンと呼ばれるイスラーム神秘哲学の出発点となったという皮肉といえばまことに皮肉な事実であります。

V　神秘主義とは何か?

このスーフィズムとスコラ哲学の結合による新しい哲学がどんな性質のものであるかということは、後で、もっと主題的にご説明することになっておりますので、ここではこれ以上、入ることを避けておきますが、スーフィズムと哲学が融合し、結局一つの哲学、一つの哲学伝統を生み出すに至ったことは、単に歴史的な偶然として片付けられるようなことではなくて、実はスーフィズムと哲学とのあいだには、本質構造的にはじめから一つの接点があった。あったからこそそういうことが起り得たのであると私は考えます。しかし、この問題を正しく論究するためには、哲学のほうはともかくといたしまして、神秘主義なるものがいったいどんなものであるかということについて、ある程度まで正確な理解がなければ話になりません。と申しますのは、神秘主義、ミスティシズムという言葉は非常に曖昧であり多義的でありまして、とくに規定して使わないかぎり、神秘主義といっても何を指しているのか、ほとんどわけがわからないからであります。それですから私もここで、まずごく一般的に神秘主義という精神現象がどんなものか、あるいは少なくともどのようなものとして私が理解しているかということをいちおう簡単にご説明しておいて、そのうえで、それのイスラーム独特の形を具体的な例についてご説明したいと思います。そうすることによってはじめて、イスラームにおける神秘主義と哲学の本質構造的接点がおのずから明るみに出てくるのではないかと考えます。

そこでいま申しましたようなプランに従いまして、順序としてまず一般に神秘主義とはどんなものかというところから問題の核心に入っていきたいと思います。ただし、神秘主義なるものを厳密に定義しようというのではございません。そんなことは実際は不可能であります。むしろ通俗的な心霊現象とか、オカルティズムから区別された意味で、ふつうに神秘主義とかミスティシズムという語でさし示されている事態がどのような特徴的な性質をもち、どのような構造をもったものであるかということが、ごく基本的な形でわかっていただければけっこうであります。要するにこの部分はスーフィズムと呼ばれるイスラーム独特の神秘主義の説明に入る前の準備段階として、いわば全体の序文のようなものとしてお聞きおき願いたいと思います。ただし、神秘主義というものは一つの特殊な、特異な精神現象として多くの違った側面をもっておりますので、序論としましてもいろいろ違ったアプローチがありうるわけですが、ここでは私はあとのスーフィズムの叙述を理解していただくのに都合のいいようなところから入ってみたいと思います。

この見地から見て、まず私は神秘主義の顕著な、そして決定的に重要な特徴の一つとしていわゆる現実、あるいはリアリティーの多層的構造ということを考えてみたいと思います。現実、リアリティー、すなわち存在世界が多層的構造であるという意味は、文字どおりそれが一重ではないということ。われわれがふつう現実と呼び、かつそう考えている経験的世界は、実は現実、あるいは存在の外側、表側あるいは表層であるにすぎないのであって、その下にいくつもの層が重なって垂直的方向に広がって、存在領域の多層的構造をなしている、とそう考えます。現実の深部、あるいはより正しくは複数でいくつかの深層を認めるといったらいいと思います。現実の目に見える表面の下に垂直に重なっているいくつかの存在領域、下にいけばいくほど暗くなっていきます。つまりわれわれの通常の認識器官である感覚や、知覚や理性ではとらえられないものになっていきます。そしてわれわれがもしこの方向をどこまでもたどっていけば、真の暗闇のなかに踏み込んでしまいます。そしてこの全体、明るい白昼の光に照らし出された表層からいちばん下の底知れぬ暗黒の領域までを含めてその全体を現実、リアリティーと考えるのです。それが神秘主義の最も初歩的な、そして最も顕現《けんげん》的な現実ヴィジョンであります。

しかし、もちろんこれだけではありません。これだけではまだ神秘主義にはなりません。神秘主義をして真に神秘主義という名にふさわしいものとする第二の特徴があります。それは現実がいちおう客観的にいま申しましたような多層構造をもつというだけではなくて、それを見る人間、それをそれとして認知する人間の側にも主体的に意識が同じような多層構造をもっていると考えるところにあります。つまり意識のほうにも表層から最深層に及ぶ垂直に重なった領域の広がりがある。しかも、客観的現実の多層と、主観的意識の多層とのあいだに一対一の対応関係が成り立っていると考えます。つまり簡単にいえば、浅い表面的意識では現実の浅い表面だけが見える。意識の深層には現実の深層が見えるというわけです。

ただしここでは一応、意識と現実、つまり主体と客体とを区別し対立させて考えましたが、この区別はあくまで理論的説明の便宜のために常識的な主客の区別を利用しただけのことでして、神秘主義本来の立場からすれば、本当はこんな区別があるわけではない。主体的世界と客体的世界という二つの存在秩序がはっきり区別されるのはまったく表層的事象であって、深部に入って行くにつれてこの区別は薄れてゆき、最後には全然なくなってしまう。これはおよそ神秘道にたずさわる人なら誰でも知っている実際の経験的事実でありまして、このような立場から、ひるがえって省みれば表層においてすら、実は主客の別はもともとなかったのだということになるのであります。ただ、いわゆる客観的現実と、いわゆる主体的意識とが混淆し融合して渾然たる一体をなしたものが現成している。それが見方によって、力点をどこにおくかによって、客体的現実になったり、主体的現実になったりして現われてくるだけのこと。全然意識のはいっていない純客観的現実などというものは実際にはないし、また逆に意識というものも、実は現実のある特殊な現われ方にすぎない。渾然たる一体をなして、主とも客とも言い難い何ものかこそが真の現実であり、また同時に意識なのであって、それがいろいろの次元で、いろいろの形で、いろいろの釣合いで現われるのである、というふうに考えるのであります。しかしともかく理論上は、二つをはっきり区別しておいたほうが、その区別そのものを否定し去るためだけにも便利だし、また実際の修行の上でも都合がいいので、それでまずそういう区別を立てておくだけのことにすぎません。

そこで意識と現実とのこの区別をそのまま残して話を進めることにいたしますと、意識と現実とがいま申しましたように互いに対応した多層構造であるとしますと、意識の深い次元が開かれないかぎり、現実の深い次元はぜんぜん見えてこない。ところが、意識の深層というものは、われわれが自然の心の働きをそのまま放置しておいたのでは、ふつうの場合なかなか開けてこないのです。感覚や知覚や理性にもとづくわれわれの心の認識形態というものは、実に根強い、しぶといものでありまして、簡単にその支配を脱するということができるようなものではない。この心の生来の傾向を変えるためには、無理にもそれを強力にねじ曲げなければならない。そこで特別な修行とか、修道とかいうことが必要になってくるのです。

方法的組織的な修行によって意識のあり方を変える、これが神秘主義の第三の大きな特徴であります。禅宗の坐禅とか、ヒンドゥー教のヨーガとか、宋代儒者の静坐《せいざ》、『荘子』にみえる坐忘《ざぼう》とか、その他いろいろの伝統的な形式がありますが、細部においてちがっているだけで、いずれも根本的にはいま申しました意識の深層を開くための修行の方法であると考えていいと思います。四方八方に散乱しようとする心の動きを抑えて、老子がいっていますように肉体の窓や戸口を全部閉ざして、つまり外に向かい、外界の対象を追いかける心の動きを抑えて、意識の全エネルギーを一点に集約し、経験的次元で働く認識機能、つまり感覚・知覚・理性などとはまったく異質の認識機能の発動をうながそうとする。こうして開かれた意識の深層意識的認識機能が活発に働き始めた心のあり方を伝統的に観想とか瞑想とかふつう呼んでおります。西洋でいうコンテンプラチオ(contemplatio)、仏教でいう三昧《さんまい》(samādhi)の境地であります。スーフィズムにも意識を日常的状態からしだいにコンテンプラチオの状態に導いていくための特殊な修行方法があります。きわめて特殊なものであります。それについては次回にくわしくお話しいたすことになっておりますので、いまは具体的なことは申し上げません。

VI　自我意識の消滅

ただ一つだけ序論的にここでぜひ指摘しておかなければならないことがあります。それはスーフィズムに限らず、より一般的に神秘主義的修行のうえで、意識がしだいにコンテンプラチオ、すなわち観想状態に入っていって、その状態がしだいに深まっていくそのプロセスは、自我の処理の問題、もっと具体的に申しますと自我意識の消滅、あるいは自我意識の払拭の問題と中心的に関わっているということであります。自我意識の消滅、これこそコンテンプラチオ実現の第一条件であります。自我の意識、経験的実存の中心点としての自分という主体の意識、それがきれいさっぱり拭い去られなければコンテンプラチオという状態は絶対に実現しません。

元来われわれふつうの人間の経験的意識にはつねにエゴ、自我という中心点があります。「私が何かを見る」とか、「私が音を聞く」とか、「私は思う」、「私は感じる」、つまり「私」が文の主語です。「私」すなわち自我がすべての経験の出発点となって、そこから意識が四方八方に広がっていくという形です。あたかも真っ暗闇のなかに小さなランプを手にもって歩いていく人のように、小さく灯って点滅する自我というランプ、その回りに小さく広がる光の輪、それがいわばわれわれのふつうの認識的経験の領域であります。われわれが歩いていくにつれて、足の動きの一歩一歩につれて、その光の輪も移動していきます。それがそれに伴ってその光のなかに現われてくるものの姿も一瞬ごとに変っていきます。それがわれわれの経験的意識というものの最も原初的な形であります。この意識の光の圏内に入ってくるものの総体がいわゆる現実であり、世界です。そしその中心に自我意識があります。

ところが、一般に神秘主義の立場から言いますと、このような経験的自我は偽りの自我にすぎない。本当は少なくともそのままの形ではそこにないものなのであって、はじめからありもしないものをあたかもあるかのように意識する、妄想する。だからそんな偽りの自我の見る世界とか、現実とかいうものも偽りの世界、偽りの現実であって、本当にあるものではない。この偽りの自我の妄想的形姿が消えれば、たちまちその回りに広がっている世界も消えてしまう。小さなランプの光は消えて、その回りに広がる小さな光の輪も消え、あたりは真の闇になる。存在的にはまったく何もない無になってしまう。すべてが意識的には闇となり、存在的には無になってしまう。

しかし、神秘家の経験によれば、実はこの闇こそ本当の光であり、この無こそ本当の存在の充実であります。小さな光はなくなるかわりに全存在、全宇宙が煌々《こうこう》たる光の海と化すなどとよく申します。煌々たる光の海というのはもちろんひとつの比喩ですが、それは偽りの自我およびその対象が全部消えて無に帰してしまったあとの無そのものが、そのまま自覚となり覚体と化して実現した状態を比喩的に言い表わしたものであります。これが真我、真のわれ、真の主体として自覚されるのです。そしてその真の主体、自覚の内容そのものがすなわち実在の真相であるということになります。つまり絶対主体即絶対客体であって、さっきも申しましたとおり本当は主体でも客体でもない。それがある場合には真我として分節され、ある場合には真実在として客観的に分節されるだけのことであります。これを仏教では無とか空とか申します。

イスラームの伝統においても事態は本質的にこれとまったく同じことでありまして、修行の道としてスーフィズムは、やはり自我の消滅ということに中心をおいて展開します。修行によって、修行の深まりとともに偽りの「われ」の意識が消滅する。「われ」が消えるとともに、「われ」に対立するものの世界が消える、その無の漠々たる空間に真我が現われて、それに対応して真実在が、つまり現実、あるいは存在の真の姿が現われてくると考えます。

しかし、これは非常な一般論でありまして、何といいましてもイスラームはユダヤ教、キリスト教の系譜に属するセム的な一神教であります。ここでは形而上的絶対者、万物の究極の根源は生きた神、万物を無から創造し、万物を統《す》べ治める人格神として表象され、またそのようなものとして体験されなければなりません。そういう宗教的信仰がイスラーム文化そのものの基盤であり、哲学であれ、何であれ、イスラームの文化形態はすべてこのような基礎の上に立つものであります。神秘主義でも決して例外ではありえないのです。同じく神秘主義といいましても、根底にある伝統が仏教などの場合とはまったく違います。ですから表現形態もまったく違ってきます。だいいち、神秘主義の修行といっても、後でくわしくお話いたしますが、その修行の方法がぜんぜん違います。一神教的信仰にもとづいて、そこから自然に出てくるような修行方法だからです。禅の修行方法である坐禅、只《し》管打坐《かんたざ》、公案を抱え込んで坐る公案禅のような修行、そういうものとはぜんぜん違った方法的な手順を積んで意識の訓練が行われます。同じく自己を忘れる、つまり経験的自我意識の消滅に最後的には導いていくにしましても、そこに至るための道は違い、したがって自我が消滅した境地に実現する形而上的無のあり方にも、またその境地での意識と実在の顕現の仕方にも根本的な違いが出てきます。抽象的構造論の次元まで引き上げて考えればまったく同じことであるにしても——またそれだからこそ人格神的であろうとなかろうと、その区別を超えて神秘主義一般というようなことをうんぬんする余地が出てくるのでありますが――しかし、力点のおかれる場所が違いますし、したがってまた具体的に現われてくる側面もまったく違います。またそれだからこそスーフィズムをとくにイスラームの神秘主義として、その他のいっさいの神秘主義の歴史的形態とは区別して取り扱う根拠が成立するわけであります。

Ⅶ　ナジュムッ・ディーン・クブラー

それではスーフィズムの場合、他のいわゆる神秘主義とくらべてどこが、どう違うか、それが問題であります。そこでスーフィズムなるものの修行方法、それによって開けてくる意識と存在の新しい地平の解明が主題となりますが、それに先立ってここでちょっとご注意しておきたい二、三のことがあります。

第一に、スーフィズムはとくにその実践面においてまったく本来、秘教的性格、エソテリックな性格のものでありまして、かつての古代ギリシアの密儀宗教に典型的な形で現われておりますように、その真相はよそ者にはいっさい明かさないようにできている。あらゆる意味で非公開的なもの、閉ざされたもの、見せることはもちろん、話すこともちろん本来許されない秘事であります。現にスーフィズムに関する西洋のイスラーム学者の著書をごらんになっても、この方面のことはほとんど書かれておりません。つまりくわしいことはわかっていないのです。書かれているものはだいたいスーフィズムの発展の歴史、その流派の構成に加えて有名なスーフィーたちの詩人とか、思想家などがいったことばの断片的な引用、それの解釈や解説というようなことに尽きております。もちろんそれだけでも何もないよりはましですが、それだけではスーフィズムが内的にどんな構造をもった精神現象であるかということがいっこうにわかりません。そこで私は今回はあえてそのスーフィズムの秘教的な側面をできるだけ解き明かしてみることにいたしました。

もちろん私自身も一個のよそ者でありまして、奥の奥まではわかっているはずもございませんが、幸い、昔のスーフィズムの巨匠たちが書き残した文献のなかに、ごくまれではありますが、こういう秘教的側面に直接ふれた部分がありますし、そのうえ、今日なおイランに潑剌たる生命をもってスーフィズムの伝統が生きておりますので、そういう資料から直接、間接に私が知り得た限りを限度として、スーフィーがいったいどんな修行をするのか、それが具体的にどんな結果を生み出してくるのかという問題を、できるだけ内面から解き明かしてみたいと思います。そして叙述に秩序と統一を与えるために、私はナジュムッ・ディーン・クブラー(Najm al-Din al-Kubrā, 通称 Najm Kubrā, ca. 1145–1221)という人をひとつの具体的な例として選びまして、その著書に書かれているところにしたがってお話してみることにいたします。

ナジュム・クブラーは西暦十二世紀から十三世紀にかけてイランに現われたスーフィズムの巨匠のひとりでありまして、彼の教えはのちに「クブラー流」(Kubrawiyah)として知られるスーフィズムの強力な一派を形成するのでありまして、要するにクブラー派の始祖であります。いまとくにこの人を選びましたわけは、無数の流れに分岐し、複雑に錯綜するスーフィズムの長い歴史において、彼は修行に携わるスーフィーの内的体験をいわば現象学的に分析し、正確に叙述することによって、それを一種のスーフィー意識論としてうち立てた最初の人であり、そしてまたその点できわめて珍しい人だからであります。彼は自分自身のスーフィーの体験と、多年にわたる門弟訓練の経験をもとにしまして、修行の段階を一歩一歩分析し、各段階においてどんな精神現象が起るかを正確に、客観的に叙述していきます。このようなことはふつうのスーフィズムの師匠たちの場合には、ほとんど見られないことでありまして、この点においてクブラーの著書はスーフィズム研究者にとって非常に貴重な資料となるのであります。

ついでながら、このクブラーはイラン人でありますけれども、その著書はアラビア語で書かれております。これはイスラームではごくふつうのことです。この著書の表題は《Fawā'iḥ al-Jamāl wa-Fawātiḥ al-Jalāl》(ed. Fritz Meier, Wiesbaden, 1957)、だいたいの意味は「馥郁《ふくいく》たる美の香り、粛然《しゅくぜん》たる威光の現われ」というようなことです。何のことかよくおわかりにならないかもしれませんが、だいたいこの本に限らず、昔のアラビア語の書物の表題は一種の飾り文句でありまして、直接に内容を示すものではないのです。一般に本の表題の意味などを考えて頭をしぼると損をします。

それでこの本のクブラーの叙述を読んでまず第一にわれわれが気づくことは、スーフィーの精神的体験がいかにさまざまな心的形象、つまりイマージュに満ちているかということです。スーフィー自身の秘教的世界は限りなく涌出《ゆうしゅつ》し奔騰するイマージュの世界であります。実は、これはクブラーだけの特徴ではなくて、スーフィズム一般に通じる、そしてスーフィズムを根本的に規定する大きな特徴であります。具体的にどんなイマージュが、どんな順序を経て経験されるかということは、このつぎにいちいちくわしくお話いたしますが、ここではまず修行道程におけるスーフィーの内的世界がイマージュに満たされた世界、というよりもイマージュで構成された世界であるという事態そのものを指摘しておきたいと思います。そしてまたスーフィズムの本質的な心象性《イマージュ》が、スーフィズムをシャーマニズムに近づけるということを。

VIII　シャーマン的世界とスーフィー的世界

人間の心にはいろいろな働き、いろいろな機能がありますが、その一つに、プラトンのいわゆる「ミュトポイオス」(μυθοποιός)的な機能なるものがあります。英語では mythopoeic function などと訳しますが、ミュトスをつくり出す機能であります。このミュトスということばは「神話」とはっきり訳してしまいますとちょっと困るのですが、むしろ神話とするよりも、神話として物語的に発展する可能性をもったダイナミックな象徴的なイマージュというふうに考えたほうがいいと思います。とにかくわれわれがふつうに考えるような、はっきりした一定の物語り的筋をもった神話だけではない。人間の意識がある特別の次元で——ユングならそれを集団的無意識というでしょうが——働き始め、ある特別の形で緊張しますと、それは根源的なイマージュを生み始めます。いわゆる象徴、シンボルとか、アーキタイプ(元型、範型)とか、そしてまた物語り的に展開した場合には神話とかがそこに顕現してきます。人間精神のある特殊な、そしてきわめて人間的な機能であります。

このミュトポイオス的な機能はシャーマニズムにおいて典型的な形で現われます。大ざっぱにいって、しかし、スーフィズムもまた心理学的にはこの心のミュトポイオス的な機能の本来的な領域であります。しかもこの根源的イマージュ形成の機能を、「魂」と呼ぶ精神的実体を理論的に措定して、それの働きとみなす点でも、スーフィズムはシャーマニズムと著しい類似を示します。つまりスーフィズムにおいてもシャーマニズムにおいても内的に経験されるイマージュは、すべて魂というもの、つまり魂という主体的実体の体験と考えられるのであります。したがって、理論としてはスーフィズムもシャーマニズムも、魂の現象学として展開します。しかし、もっと正確に分析してみますと、シャーマニズムとスーフィズムのあいだのこの類似は、まったく表面的形式的な類似にすぎないということがわかってまいります。

シャーマンとは、人間の魂の専門家だとエリアーデ(Mircea Eliade)がいっております。

シャーマンは魂のことをいっさい知り尽している。専門的に職業的に人間の魂の構造と運命とを知っている人であるということです。シャーマニズムの説く魂とは、肉体という物質的なもののなかに宿った非物質的な実体でありまして、これは本性上きわめて不安定なものである。肉体という異質なワクのなかにはめ込まれた魂は、そこにどっかり落ちついてはいられない。いわばいつもソワソワしている。そして機会さえあればフラフラ外に迷い出ていこうとする。そしてうっかりするとこの地上的事物の彼方、恐ろしい、おぞましいものたちの棲む冥暗の国に迷い込んで、もはや帰ってくることができなくなってしまう、非常に危険なものとされております。ところが、シャーマンは魂がともすれば道に迷ってしまうこの冥暗の国の地図に通じていて、たとえば、どこへいけばどんな怪物がいるとか、どの方面にはどんな恐ろしい場所があるとか、すべて掌《たなごころ》をさすごとく知っているだけではなくて、もっと積極的に自分の魂を完全にコントロールして、それを自由自在に肉体の外に送り出し、思うままの方向に行かせることによって地上的物質的世界の狭い地平の彼方に広がる広大な霊的世界で、さまざまなことを自分の魂に経験させることができる。

ところで肉体を遊離したシャーマンの魂が逍遙するこの霊の世界は、奇怪なイマージュに満ちています。それはアーキタイプ、元型的な形象の世界でありまして、徹頭徹尾イマージュだけでき上がっている不思議な世界です。ふつうの常識的な人間の目から見れば荒唐無稽な幻想の世界ですが、それがシャーマンにとっては真の現実である。それを経験する彼の魂がいわゆるシャーマン的自我意識であります。

ここで注意すべきことは、このような幻想の国――シャーマン自身の立場からすれば存在の霊的な本当の次元ですが――それを経験するためにはシャーマンはまず自分の魂を意図的、方法的に肉体の外に送り出さなければならないということです。この点にシャーマン的自我とスーフィー的自我の第一の違いがあります。前にいいましたように、スーフィーの経験する世界も、ふつうの人からみればまことに荒唐無稽としか思えないような不思議なイマージュに満ちた世界ですが、このような世界に行く、あるいはよりスーフィズム的にいいますと、そのような存在領域を通過するためには、スーフィーは自分の魂を肉体の外に送り出すことはしないのです。

スーフィーのイマージュ経験をスーフィー自身が表象する場合、彼は魂をどこか遠いところに広がっているイマージュの世界に送り出すとは考えません。むしろ魂そのものを、深層をひめたひとつの構造と考えまして、そういう魂のなかに深く入っていくというふうに考えます。もっとも次回にお話いたしますように、スーフィズムでも、道の最後の段階のところへきますと、魂が肉体の外に出て、そこで神と出会うというような表現をいたしますが、そしてまた主体的にたしかにそういう体験があると考えなければなりませんが、これは質量的なものにまといつかれて、いわば煩悩のとりこになっていた肉体的魂が、完全にその質量性を脱して、純粋に精神的な本性に戻ったことを表わすのでありまして、シャーマニズムの場合のように甘美な形象の魅惑、あるいは恐怖の戦慄に満ちたイマージュの棲息する幽暗の国に旅して、魂がそこにさまよいこんで行くというようなことではないのであります。むしろスーフィーにとっていちばん大事なことは、自分の魂の内面により深く入っていって、魂の暗い領域の秘密を探り、通常の条件のもとではまったく働いていない心の機能を発動させようとすること、つまり意識の深層の探究です。探究といいましてももちろん学問的、客観的に研究するのではなくて、自分で本当にそういう暗い領域を経験しようというのであります。ただ、この暗い領域でのスーフィーの体験は、最初から最後まで徹頭徹尾、形象的、イマージュ的経験でありますので、この点でシャーマニズムと非常に似たところが出てくるということだけであります。

とにかくスーフィーにおける、いま申しました意識の深層の探究は、いくつもの段階をなして重なっている意識のその段階の一つ一つの本質的構造を、そこから自然に生起してくるアーキタイプ、あるいはアーキタイプ的なイマージュという形でそれを視覚化しようという試みであります。意識の深層のイマージュ化ということがスーフィズムの一つの大きな特徴です。組織的、方法的に確立された観想の修行によって意識の働きが内面化され、だんだん内面的に深化され、スーフィー自身の言葉を使って申しますと、魂の鏡が磨かれていくにつれて、思いもかけなかったようなイマージュがつぎつぎに現われてきます。その魂の浄化のプロセスにおいてつぎつぎに起ってくるイマージュ、あるいはイマージュ群は、ふつうでは絶対に覗きみることのできない意識の深層の構造をそのまま反映し、それを視覚化していると考えるのであります。

この意味で観想状態において生起するイマージュ、あるいはイマージュ群は、すべて魂の鏡であります。ある一つのイマージュ、あるいはイマージュ群はみなそのとき、そのときの魂のあり方を映し出す。観想状態において現われてくるイマージュやヴィジョンは、魂のいろいろ違った次元、あるいは階層の視覚的形象として働く限りにおいて、スーフィーにとって精神的に意義のある現象とされます。そしてまた一つ一つのイマージュ、あるいはイマージュ群は、スーフィーにとって自分がいま観想修行の道程のどの段階にいるかを知るための最も確実な手がかりであります。いま現にある種のイマージュを経験しているということが、そのままいま自分の心がコンテンプラチオにおいてどの程度成熟しているかということの兆候とされるのであります。同時にスーフィーにとって、このような内的経験は意識がいくつもの層をなしている、つまりいくつもの層の重なりからなりたっているものであり、そしてまたそれらの層の一つ一つが現実、あるいは実在に対応しているということを示すものでもあります。

そうしてみますと、スーフィーの体験する内的世界は、シャーマンの体験する世界と同じ象徴的イマージュの世界ではありますけれども、イマージュの果たす役割が両者において根本的に違ったものであることがわかります。しかし、スーフィズムにおいてこのようにある一定の観想的イマージュが、ある一定の意識の層に有機的に結びつけられて考えられるという事実――この点でスーフィズムの心理学は、現代のユングの心理学と著しい類似を示すものと思われるのですが――この事実をより正確に理解するためには、どうしてもスーフィズム自身の考える魂がどんな構造をもっているかを具体的にご説明しなければなりません。

Ⅸ　意識構造モデルの基体としての「魂」

スーフィズムだけでなくて、一般的にイスラームは魂というものを非常に重要視します。前にも申しましたように、ユダヤ教、キリスト教につながるセム的な一神教の形態としては当然のことでありますが、人間を肉体と魂との結合と考えまして、魂の救済にその宗教性のすべてをかけるのです。この考えでは肉体は物質的なもの、つまり質量的な実体であり、魂は非物質的なもの、つまり非物質的な精神的な実体であります。感覚でこそとらえられないけれども、厳然として肉体のなかに存在し、内側から肉体を主宰している非物質的な、非質量的なものであります。そしてこの非質量的な、非物質的なものとしての魂はそれ独特の一つの構造をもつと考えるのであります。すべての事柄について自然科学的な見方をなさる方々は、このような魂だとか霊魂だとかいう古い考え方を受けいれるにはだいぶ抵抗をお感じになるのではないかと思いますが、こういう見方も言語を使った一種の理論的モデルの構成だとお考えになれば、大して問題なく通るのではないかと考えます。形のない、ただ作用だけ認められるわれわれの意識、それを一つのものと措定する、そうしないと考えの足がかりがなくなってしまうのです。何一つものをいうこともできなくなってしまう。そしてわれわれが言葉を使って考えるかぎり、ある程度までいわゆるこの種の実体化ということは避けられないのであります。現に、われわれ日本人が日常使っている「心」という言葉にしてもそのとおりで、ココロと言ったとたんに、われわれの意識活動はなんとなく一つのものになってしまう。物質的なもの、つまり物体ではないにしても、何かもの的なものとして表象されるようになってしまいます。

いずれにしましてもイスラームでは、われわれのいわゆる心を「魂」とか「霊魂」とかいうものにして、そういう形で表象し、そういう形で意識論を展開していくのであります。アラビア語の原語ではナフス(nafs)と申します。ナフスとは魂とか、霊魂とかに当るアラビア語です。ナフス、魂、内的実体。そういうものをいちおう認めたうえで、そのうえで感覚、知覚から思惟、想像などいっさいを含めた意識活動をこの内的実体の作用として、その構造を理論的モデルとして構築するのであります。

もっとも、さきほど申しましたとおり、イスラームの信仰の立場からいいますと、魂はけっしてそのような理論的要請《ポストウラート》ではなくて、本当に内的な、非物質的な精神的な実体であります。ちょうどわれわれの仏教で無始なる過去から生々流転する輪廻《りんね》という考えをはじめからとり入れましたために、絶対無我論の立場にあるはずでありながら、そしてその立場から主体的実体としての「我」(アートマン)というものをはじめから否定する立場に立ちながら、しかもなおそれでも何かの形で輪廻の担い手となるもの、を立てざるをえなくなって、理論的に苦心惨憺いたしました。それと同じようにイスラームの信仰では、輪廻ではありませんが、終末論の立場をとりますので、どうしても魂を一つの独立した実体として認めざるをえないのです。最後の審判を控えて、甦りの日に魂が肉体と結び合って、新しい霊肉的な人間として神の裁きの場に立つ、こういう信仰のコンテクストにおいては、魂は非物質的な実在たらざるをえないのであります。しかし、哲学的理論としては、イスラームの霊魂論、とくにスーフィズム独特の霊魂論は、人間意識の構造を分析し説明するための理論的モデルをつくる作業と考えると非常に簡単だと思います。

スーフィズムは魂の深みについて語ります。つまり意識の深層を認めまして、しかも深層からしだいに下がって一段一段とより深い層に降りていくというようなことを申します。要するに前にもいいましたように、意識を多層的な一種の立体形の実体として考えるのでありまして、これがいま申しました意識の構造的モデル構築であります。つまりそういう理論的モデルをつくり上げておいて、それで意識の働きを構造化しようというのであります。集団的無意識という特殊な領域をふつうの日常的意識の下におくユングの深層心理学にしましても、また古い昔、インドの仏教で唯識《ゆいしき》論者たちが考え出しました阿頼耶識《あらやしき》(ālaya-vijñāna)を中心とする深層意識論にしましても、みなそのようなものとして取り扱うことができます。あるいは少なくともそういうものとして私は見ていきたいと考えております。

X 二つの霊魂観

では、意識の作用を魂というものとしていちおう措定しまして、スーフィズムはそれをどんなモデルにつくり上げていくか、それが問題であります。それをできるだけわかりやすくご説明するために、私はまず一般的にイスラーム思想史の流れのなかに、この魂のモデル化の操作の出発点となる魂そのものの見方において二つのまったく違った、というよりも、激しく鋭く対立したタイプが認められるという事実を指摘しておきたいと思います。

その一つは、イスラームの哲学、スコラ哲学の霊魂観、もう一つはスーフィズム独特の霊魂観であります。くわしい説明に入ります前に、ごく大ざっぱなことを申し上げておきますと、哲学、さっきから申しますファルサファ、スコラ哲学のことですが、それの霊魂観では、魂は人間的自我の座であります。エゴの座です。それに対してスーフィズムの見方では、魂はエゴの座ではなくて神の座であります。ここに根本的な違いがあります。つまり哲学における魂は、人間の実存を「われ」として自覚させるものであるに反しまして、スーフィズムにおける魂は人間の実存を神の自己顕現の場、神が自己を現わす場所として自覚させるものであります。それが両者の最も顕著な違いです。

哲学者、ファルサファの専門家が霊魂をどう見るか、それをまずはじめに申しますと、哲学の霊魂観は歴史的にはアリストテレスの心理論、De Anima にさかのぼるものでありまして、イスラーム哲学では前に申しましたイブン・スィーナー、つまりアヴィセンナによって典型的に代表される心理論、意識論であります。しかもアヴィセンナのアリストテレス的人間心理論は、アリストテレス自身には見られないきわめて独自な自我意識を基礎として、それを出発点として展開します。そこにイスラーム哲学特有の自我意識論が出てまいります。これが世に有名なアヴィセンナのいわゆる「空中浮遊人間説」であります。デカルトの「われ思う、ゆえにわれあり」Cogito ergo sum の歴史的先駆として哲学史家のあいだでよく問題にされるので、ご承知と思いますが、要するにわれわれの自我意識は人間が生まれながらにしてもっている本源的な、第一次的な直観であって、これが魂というものであり、それが人間実存の出発点であり、中心点でもあるという考えであります。

ここに突然ひとりの人が完璧な形でつくり出されたところを想像裡に描いてみよう、とアヴィセンナは申します。はじめから完全無欠な形でつくり出されるのです。母の胎内で胎児として出発し、その不完全な形から生まれ出てだんだん成長して、成熟して大人になるということではなく、突然、内面的にも外面的にも完全無欠につくられる。ただし、この人の目は覆われていて外界をまったく見ることができない。そのうえ、彼は地上ではなくて、空中にいわば宙吊りの形ではじめからつくられる。だから足が地面にふれてそれによって触覚が刺激されるということもない。おまけに手足は大きく左右に広げたままになっているので、体の諸部分間の接触ということもない。

ところで、とアヴィセンナは申します。いまこのような状態にあるこの男が、自分自身を反省したとしてみよう。彼は自分自身の存在をそれでも肯定するだろうか。彼はいいます、たしかに肯定する、それは疑いの余地がない、と。この男は自分が存在していることを自覚する。しかし自分自身の体のどの部分についてもそれが存在するという意識はない。

かりに手や足や、その他、体の部分が、そのとき彼の想像裡に浮かんだとしても、彼はそれを自分というものの構成要素としては自覚しないであろう。自分の体の存在をまったく意識しない、あるいは意識しえない状態における自分自身の存在の意識、それこそ目覚めているときでも、眠っているときでも、酔っているときでも、夢見ているときでも、どんなときでも、終始一貫して存続する自我意識なのであるとアヴィセンナはいいます。

自我意識、アラビア語ではアナイーヤ(ana'īyah)とかアンニーヤ(annīyah)とか申します。アナイーヤ、アンニーヤ——どちらの形でも、直訳しますと同じく「われ」であること、つまり「われ」の意識ということです。そしてこのような「われ」の意識を中心としてその回りにあらゆる意識の働きが生起する。その全体が霊魂なのであります。つまりアヴィセンナに代表されるスコラ哲学にとって、そしてより一般にイスラーム思想のほとんど全体にわたって魂とは自我意識の場なのであります。「われあり」という自覚がその中核です。そういうものとして魂を考えるのであります。

ところが、このような自我の座としての魂のあり方をスーフィズムは正面から否定します。自我意識なるものを認めないわけではありません。もちろんそうではなくて、自我がいかに支配的で危険なものであるかということはよく知っております。別の言い方をしますと、そういう自我の暴力的な支配の恐ろしさを痛切に感じていればこそ、それを脱するためにスーフィズムの修行があるともいえるのであります。しかし、それがいかに強力であるにしても、スーフィズムの見方からしますと、自我意識というものは意識の全体から見てほんの一部分、しかも周辺的な、あるいは表層的な事態にすぎないのであります。スーフィズムの立場から申しますと、「われあり」を中心としてそれをめぐる心理的な輪の広がりとして立てられた魂は、実は魂の虚像、偽りの像であるにすぎない。日常的経験の主体としての「われあり」が、どうしてこういうふうに人間実存の中心として立てられるのかというと、それは魂の深層を知らないからである。魂の底知れぬ深みに神が、というよりは、神的な何かがひそんでいて、実はそれこそあらゆる表層的意識の活動の生きた源泉をなしているということを知らないからこのような妄想に陥るのだとスーフィズムは主張します。

西暦十世紀の有名な遊行スーフィーのひとりにニッファリー(Niffari)という人がおりますが、その人がこう申しております。「おまえが(ここで「おまえが」というのは「人間が」ということです。この引用文は神がスーフィーの口を通じて一人称で語る形になっておりますので、「おまえが」というのは「人間が」ということ、「私が」というのは「神が」ということです)、おまえ自身を自分だけで存在するものとみなして、この私をおまえの存在の根拠として認めないとき、私は私の顔をベールの陰に隠す。そうするとおまえ自身の顔がおまえの目の前にありありと現われてくるのだ」と。

おまえ自身の顔、つまり人間の顔だけが目に見えて、神の顔はその陰に隠れてしまう。ここで「おまえの顔」というのは、すなわち哲学者たちの説く経験的自我意識のことであります。自分自身の内面の無底の深みにひそむ神の顔が現われてくることを阻止する厚い垂れ幕のような人間の顔、このイマージュによって示唆された自我意識を中心として成立する魂の表象は、スーフィズムに言わせれば魂の本質的構造からずれた、浅薄で歪んだ表象にすぎない。こういうふうに見られた魂を、スーフィーはカシーフ(kathīf)な魂と呼びます。カシーフというのは、粗雑で厚ぼったいという意味の形容詞です。ちょっと仏教にもあるような概念ですが、厚ぼったい粗雑な、つまり質量性の度の強い粗大な魂というわけです。

これと対照させてスーフィーは、自分たちの見る魂をラティーフ(laṭīf)な魂という。ラティーフな魂。ラティーフとはデリケートで薄くて繊細な、精緻なということです。つまりラティーフな魂とは質量性を脱した、精神的な、そしてそのゆえに限りなく繊細な魂ということであります。

同じ一つの魂がアプローチの仕方によって二つの違った姿で現われるとみることもできますが、そういう二つの違った魂が表裏一体をなして存在しているとみることもできます。この後者のほうがスーフィズム的な考えにより忠実です。ですからスーフィズムでは、たとえば、感覚器官についても二つの並立する秩序を認めます。外的なカシーフな五官と、内的なラティーフな五官とが、それであります。外的感覚器官は通常の肉体的な器官でありまして、外からくる物理的な刺激に応じて働きます。たとえば肉体の一部としての耳は外からくる音波の刺激に反応して音を聞く。これに対してスーフィズムでは内的な耳というものを認めます。これは外的、物理的世界の刺激とはぜんぜん無関係に、超自然的な、純精神的な刺激に反応して、そこに超自然的な音を聞く器官であります。そしてこのような内的五官の働きによって、前に述べたアーキタイプ的な、元型的なイマージュが生起すると考えるのであります。スーフィズムの修行とは、要するに自我意識を基礎とする外的認識器官の働きをとめて、それの支配を脱却して、内的認識器官をできるだけ純粋な形で働かせ、それによってしだいに意識の深みにひそむ神的「われ」の自覚に到達するための意識変成の道であります。

XI スーフィー的意識の構造

しかし、意識のこのような変貌がどうして可能か、また実際にどういう形で行われるかを理解するためには、意識そのものがスーフィズムにとってどんなふうに構成されているかをまず知っておかなければなりません。スーフィズムにおける魂の構造、もう少し私どもに近い言葉でいいますと人間の意識構造、それが問題です。

結論から申しますと、スーフィズムは意識を五段階的な構造とします。つまり意識を一つの立体的なものとみて、そこにいちばん上から最下底まで五つの層を認めるのです。ただし、スーフィー自身はこの意識の五つの層、五つの段階、段層的な領域を、五つの別々に独立して存在する魂であるかのごとく語ります。つまり、言語的表現としては、五つの違った魂があることになります。

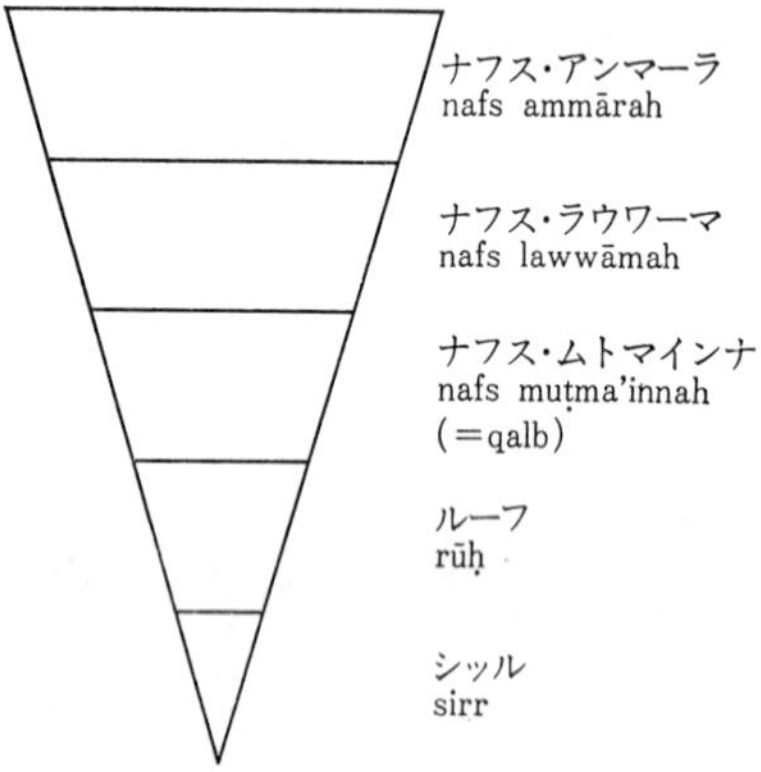

上から数えてその第一がナフス・アンマーラ(nafs ammārah)。つまり第一番目の魂がナフス・アンマーラという。アンマーラとは直訳しますと、強制的な命令をやたらに下すという形容詞です。あまりよくない意味の形容詞です。やたらに命令を下したがるナフス(魂)。人間にああしろ、こうしろと命令して、だいたいにおいて人間を悪に引きずり込む魂を意味します。これは要するにわれわれの普通の言葉でいうと、意識の感覚的知覚的領域に当りますので、つまり深層心理学からいいますと意識の深層からいちばん遠い、すなわちわれわれの心が外界と直接接触する表面、意識の表層のことであります。しかし、スーフィズムでは感覚的領域をそのような形では見ないで、欲望と欲情の場として見ます。ちょうど仏教で煩悩ということを重く見るのと同じことです。それはあらゆる欲情と情念の乱れ渦巻く汚れた領域であって、これが感性的な自我を構成する。それが第一の魂、つまり意

識の第一層であります。感覚を感覚として見ないでそういう見地から見るのであります。それがナフス・アンマーラ。

第二層、スーフィズム的に申しますと第二番目の魂は、ナフス・ラウワーマ (nafs lawwāmah)、ラウワーマというのはこれも普通のアラビア語ではあまりよくない意味の言葉で、やたらに非難したがるということです。批判的魂。やたらに非難する、ああだ、こうだと文句をつけまわる魂ということです。これはわれわれの通常の分類でいいますと、理性とか、理性的機能の次元、意識の理性的領域に該当するのですが、ここでもスーフィズムはそれ独特の見方をしまして、理性の働きを、他人ばかりでなく自分自身の悪をほじくり出して批判し、批判する心の働きと考えます。つまり第一層の魂、すなわちナフス・アンマーラが示すようないろんな悪を自ら剔抉《てっけつ》し、糾弾する働きとして理性を考えるのであります。ですからこの作用を一つの領域と見ますと、これは倫理的、道徳的意識の場、すなわち良心の場ということになります。そしてとくに自我意識の成立という点からいいますと、理性的、合理的自我が成立する場所ということになります。

そのつぎが第三番目、ナフス・ムトマインナ (nafs muṭma'innah)、直訳しますと安定した安静な魂。ムトマインナというのは落ち着いたということです。要するに安定した安静な魂ということで、観想的に集中し、完全な静謐の状態に入った意識、これを一つの特別な魂、つまり一つの意識の層と考えます。揺れ動く意識の表面の下にそういう静かな、物音一つしない領域が開けているというふうに考えるのです。ここではもはや第一層の感覚と欲望と情念のざわめきもありません。第二層の理性と思惟の波立ちもありません。ひっそりした沈黙と静謐の世界です。魂のこの第三層をスーフィーは術語的にカルブ(qalb)ともいいます。カルブというのは本当は心臓のことですが、肉体器官としての心臓ではなくて、超越的事態を直観する、あるいはじかに感じとる一種の認識器官であります。古代インドのウパニシャッドの思想家たちが心臓を体のなかにある聖所、聖なる場所、真我の宿るところとして特別に尊んでいるのと比較してごらんになるとよくおわかりになると思います。例のウパニシャッドの哲人ヤージュニャヴァルキアがアートマンを説明して、心臓に存在する神聖な内部の光といっております。そして魂のこの第三層が意識および存在の神的次元のしきいにあたります。スーフィーは必ずここを通って意識の存在の神的秩序のなかに入っていくと考えます。

この第三層から一段深く魂の第四層としてルーフ(rūḥ)という領域があります。ここから本当の意識の深層が始まります。ルーフという言葉は、ふつうのアラビア語ではほぼ精神というような意味ですが、術語的には聖書でよく申します「聖霊」などの霊にあたるもので、ここでもきわめて特殊な意味として使われております。それは心の深みに開けてくる幽玄な領域でありまして、スーフィーの体験ではそれは限りない宇宙的な光の世界、輝き燃えて全世界、全存在界を燦爛《さんらん》たる光に照らし出す宇宙的真昼の太陽として形象化されます。ちょうどこの自然的世界で太陽が、朝、東の地平線から昇って地上のあらゆるものを照らし、それらのもののなかにひそんでいる生命力を発動させるように、神的な太陽が精神の東方から昇ってきて、無限に広い精神の世界を照明し、そこに内蔵されているいっさいの精神的可能性のエネルギーを発動させる。

いま精神の東方とか東洋とか申しましたが、スーフィズム独特の象徴的言語では、東洋とか東方＝マシュリク(mashriq)とは神秘主義的地理学における精神の黎明の場所、精神のイルミナチオ(照明)の場所であります。これに対してマグリブ(maghrib)＝西洋、西方というのは、文字どおり太陽の没するところ、つまり太陽の光が闇に消える質量的暗黒の領域を意味します。

ちょっと余談になりますが、こういう西洋・東洋の対立のさせ方に西洋人たちはなにか不安を感じるとみえまして、たとえば、一九七八年惜しくも物故されましたフランスのアンリ・コルバン教授などは、到るところで、講義でも講演でも著書のいろんなところでこういうスーフィズムの西洋・東洋の考え方を、地理的な西洋・東洋と混同されては困るといっております。たとえば、日本なんかは地理的にはたしかに東洋だ（「日出づる国」、東洋を意味するマシュリクというアラビア語は字義的には日の出の場所ということです）、しかし、精神的地理学の上では西洋（つまりマグリブ、日の没する場所）であるかも知れない。それと同じにフランスやドイツみたいな西洋の国々でも精神的地理学の上では立派に「日出づる国」でありうると。まあ、われわれからいわせればそれほど気にすることもないと思うのですが、西洋人としてはなんとなくひっかかるところがあるらしい。コルバン教授が私に二、三度同じことを言われたので、気がつきました。

それはともかくといたしまして、今ここで意識の第四層に関連して問題としている西洋と東洋というのは、精神的な黎明の場所と日没の場所ということであります。この精神的な東洋にふみ込んだスーフィーは、主観的にはいまや自分は神から最も近いところにいると感じます。これが魂の第四層、つまりスーフィズムから見た意識の最深部に最も近接した領域であります。

そして最後に、第五番目にシッル（sirr）と呼ばれる第五層がきます。シッルとはふつうのアラビア語では秘密(secret)ということです。すなわちふつうの状態では絶対に表に現われてこない魂のひめやかな聖所であります。意識の構造という見地からすると、意識の最深層であり、ふつうの意味での意識を完全に超えた無意識の深みであります。スーフィズム的形象表現では、この聖なる場所で魂はあたかも一滴の水のごとく絶対的な実在の大海のなかに消融してしまうと申します。この点は次回にくわしくお話いたします。

ここに至って修行者の自我意識は完全に払拭されます。それまで彼の人間的実存の中核をなしてきました「われあり」の意識はあますところなく消え去って、無に帰してしまう。この体験を術語的にファナー(fanāʾ)と申します。ファナーとはアラビア語では消滅とか、消失とかいうこと、つまり消えてなくなってしまうということです。「われ」が消えてしまうのですから他もありません。絶対の無です。しかし、この主観、客観のすべてを呑み込んだ存在の無我が、この境地においては、スーフィーの無意識を場所としてそのまま絶対無の自覚として現われてくる、甦ると申しますか、これがスーフィズムの用語法でいう「神的われ」、「神のわれ」の自覚であります。この状態を前のファナー＝「消滅境」に対してバカー(baqāʾ)、すなわち「存続境」と呼びます。そしてこの新しい自覚の現成においては「神的われ」はスーフィーの口を通じて改めて「われあり」と宣告します。「われあり」、または「われこそは神」と。これがすなわち西暦十世紀の偉大な神秘家ハッラージ(Ḥallāj)――くわしくはフセイン・イブン・マンスール・アル・ハッラージ(Ḥuṣain b. Manṣūr al-Ḥallāj)――このハッラージという人はフランスの故マッシニョン(L. Massignon)教授の研究で一躍世界的に有名になった神秘家でありますが、この人の大胆不敵な、そして神に対するこのうえもない冒瀆として世に有名な「アナルハック」に端的に表現されております。アナ・アル・ハック(Ana al-Ḥaqq)、アナというのは私ということです。アルというのは定冠詞、ハックとは真理とか、真実在とか、絶対者とか、つまり神ということです。定冠詞がついていますから唯一なる神、唯一なる絶対者。「アナルハック」、「われこそは神」あるいは「われこそは絶対者」。まさしくヴェーダーンタの「われこそは梵(ブラフマン)」(Ahaṃ Brahmâsmi)を思わせるような表現であります。ここまではるばる修行の道をたどってきて意識の最深部を開いたスーフィー自身の立場からいえば、神が自ら第一人称で「われこそは神」と宣言するのですから、これは冒瀆でも何でもありません。しかし、当時の俗人たちはこの言葉をそういうレベルでは理解しませんでした。ハッラージは刑場に引き出され無残な死を遂げました。西暦九二二年のことであります。

XII　スーフィー的深層意識と唯識的深層意識

それはともかく、こうしてスーフィズムの説く人間の魂の実態をここでひるがえって考え直してみますと、それが表層から深層、最深層まで、はっきり区別された五つの領域、あるいは段階からなる意識の構造モデルを構成していることがわかります。意識のこの構造モデルの独自性、そしてまたそれがスーフィズムの実践面、理論面において果たす特別の役割、それはたとえば仏教の唯識《ゆいしき》学派の立てる意識の構造モデルなどと比較してごらんになるとはっきりすると思います。唯識学派がその特殊な心理学の基礎として立てましたものも、ご承知のように表層から深層に及ぶ意識構造モデルであります。すなわち前五識、つまり五つの識《しき》、つまり五つの感覚器官を通じて生ずる五つの感覚、視覚・聴覚・嗅覚・味覚・触覚、それをいちばん上の表層意識の領域といたしまして、それからちょっと深いところに第六識、これが第二段、これは五つの感覚器官がもたらすバラバラの感覚をそのときそのときで統合的に整理して一つにまとめまして、なにかのものをそこに知覚し、そのようにして仮構された、ものについて思惟する働きであります。そしてその一段下、第三段目に第七末那《まな》識、すなわち自我意識、そしてまたその一段下、つまりいちばん奥深いところに阿頼耶識という潜在意識の領域、表層から深層までつぎつぎと重なって、まことに整然たる四階層的意識の構造モデルであります。

しかし、この唯識の構造モデルをスーフィズムのそれと比較してみますと、両者がまったく違った観点から、非常に違った理論的基盤の上に立てられたものであることが、一見して明らかになります。ここではごく大ざっぱなことしか申せませんが、スーフィズムの場合、意識の構造モデルは、自我意識の消滅の過程として立てられております。ここでは自我意識はいちばん外側のナフス・アンマーラとその次のナフス・ラウワーマの段階で強烈に濃厚に成立しているのでありまして、深みに向かえば向かうほどその力は弱まり、希薄になっていき、最後に完全に無に帰してしまう。全体が自我意識消滅、さっき申しましたファナーのプロセスとして構成されております。仏教的な言葉で言い換えますと、炎々と燃えさかる炎のように熾烈《しれつ》に活躍している煩悩が、だんだん弱まり消えて、最後にあともとどめぬ状態に至るそのプロセスが、スーフィズムのこの五段階の構造で構造化されているのであります。

これとは反対に唯識のモデルは、煩悩《ぼんのう》の働きそのものの構造化であります。簡単にいえば、全体が煩悩の組織として立てられているのであります。全体が煩悩発生のプロセスを示すものともいえますし、また逆方向からみて意識の表層を支配している煩悩の根を、より深くより深くさぐっていくと、その究極の場としてついに阿頼耶識に到達する、その全行程が示されているともいえます。第三段目に成立している自我意識も、その自我意識によって包括されている第六識も、つまり現象的世界で働くわれわれの意識は、すべて阿頼耶識に淵源します。すなわち五つの感覚とそれを統括する第六識の働きによって現出するいわゆる外界も、そこに存在すると妄想されている外的事物も、またそれを認識するとして妄想されている「われ」も、ともに生々流転してやまぬ阿頼耶識の働きであります。意識の最深層としての阿頼耶識こそ、いっさいの存在的煩悩の根源であります。

こう考えてみますと、唯識の意識構造モデルは、簡単にいえばわれわれの迷いの根源を探るためのモデルでありまして、その全体はいわば迷いの根源づけのシステムであります。もちろん迷いの根源的、究極的根源があってそれが暴露されるからこそ、それをさらに悟りに転換させる可能性が、まさにその場所に成立するのでありまして、阿頼耶識の本来の働きを完全に停止し、これをまったく新しい、まったく違った性質のものに変質させることによって自我意識が消滅し、同時に自我意識に纏綿するいっさいの存在的妄想も消えてなくなるということでありますが、しかし、ともかく第一次的にはこのモデルは、煩悩あるいは迷いの徹底的分析であり、その根拠づけであると考えるべきだと思います。

これに反してスーフィズムの立てる意識のモデルでは、煩悩は表層意識特有の事象でありまして、意識の深層にいけばその働きはおのずからにして停止し、最深層に至れば、煩悩の源である自我意識そのものが完全無欠に消滅してしまう。意識と存在が同時に無化されてしまって、この人間意識の絶対無がただちに神の意識、すなわちさっき引用いたしましたハッラージの「アナルハック」に現われているような神的意識の顕現である、とだいたいこのようにつくられております。この無から有へ、つまり人間的意識の無から神的意識の有へ、この突如たる転換、それがいったい何を意味するか、そしてまた、こういう転換を経たあとでそこからどこに、どのようにして哲学的主体が成立してくるのか、そのような問題をこのつぎの主題として残しまして、今回はこのへんで終ることにいたします。

第二回講演

I　意識の変貌

前回と今回と二回にわたる私の話は、主題的には、イスラームにおける神秘主義(スーフィズム)と哲学との接点ということであります。起源からいいましても、その性格からいいましても、互いに非常に違った、というよりは、むしろ異質的で対照的なスーフィズムと哲学とが、歴史の流れのうちにしだいに交渉しあっていきまして、西暦十二世紀から十三世紀ついに融合して一つの特色ある哲学となる。そしてスーフィズムと哲学との融合の結果、そこに成立した一種独特の哲学をイルファーン('irfān)と呼ぶということはこの前ご説明申し上げました。同時にこのイルファーン、かりに神秘主義的哲学と訳しておきますが、このイルファーンの成立がイスラーム思想史上、一つの容易ならざる事件であったということは、ほぼおわかりいただけたかと存じます。

神秘主義と哲学との接触といいますと、言葉の上ではすこぶる簡単なことですけれども、実際は簡単どころか、本当に命がけのことだったのであります。まだ覚えていらっしゃると思いますが、この前お話いたしました若年の神秘家イブン・アラビーと、すでに老年の大哲学者アヴェロイスの会見の場面。コルドバで起った事件ですが、哲学者アヴェロイスが神秘主義と哲学との対立を指摘されただけで真っ青になり、全身に震えがきてものもいえなくなってしまった、それほどのことだったのであります。「イエスからノーへの移り変りに頭は胴体から切り離される」と、あのときイブン・アラビーが申しました。この言葉は象徴的な意味にもとれます。その場合この言葉は思弁的哲学から神秘主義に移るということが哲学者の側からしても、スーフィーの側からしても、実に真剣な、それぞれ自分の実存の全重量をかけた決断にもとづく、生きるか死ぬかの行為であったことを意味します。

しかし、また同時にこの言葉は文字どおりの意味にもとれるのであります。スーフィズムといいましても、その初期の形態におけるように世を捨て、ひたすら敬虔な祈りと苦行の道にいそしむだけなら別に支障はなかったのでありますが、こういう苦行者、修行者が自分の体験を反省しまして、それを言葉に表現し始めるやいなや、神を蔑《なみ》する危険思想として受け取られ、正統的なイスラームの信仰の場においては、たちまち彼らの生命までおびやかされることになります。スーフィーの思想を表明する言葉の一つ一つが神を冒瀆するものとして糾弾され、文字どおり「頭は胴体から切り離される」ということになるのであります。この前お話いたしましたハッラージはその典型的な例ですが、このような例はほかにも数え切れないほどございます。スーフィズムの歴史は見方によっては凄愴な、まことに血腥《ちなまぐさ》いものであります。それからお話いたしますイスラームの神秘主義、スーフィズムにもとづく哲学が、この形成過程においても、その本質的構造においても、そのような命がけの、いわば真剣勝負を思わせるような緊迫した雰囲気のなかででき上がったものであることを心にとめておいていただきませんと、その真相が実感をもって理解していただけないのではないかと思います。

ところで、前回、私は一般論といたしまして神秘主義の見地からみた現実とか、リアリティーとかいうものが、いくつかの層をなした表層から深層に至る多層的構造であり、これに対応してわれわれの意識もまた表層から深層に至る多層的構造であり、両方が一対一の対応関係にあるということを申しました。もちろん多層構造と申しましても、別にたくさん層がある必要はないのでありまして、表層とその下にひそむ深層と二つだけあればけっこうなのです。要するにどういうモデルを立てるか、つまり複雑で微妙なわれわれの心の動きを、どういうモデルで説明可能にするかということであります。ただし、この前お話ししましたように、神秘主義と申しますからには、われわれのふつうの日常的意識だけではなくて、観想、あるいは瞑想、コンテンプラチオという特別な意識のあり方を考えに入れますので、どうしても表層意識と深層意識との少なくとも二段階だけは認めなければならないということになります。

それではこの見地からみてスーフィズムはスーフィー的意識を具体的にどのような構造をもつものとして考えるか。前回、最後の部分で私はこの問題を簡単に取り扱いました。本日の話のはじめの部分は、このスーフィー的意識の五段階説、この五段階の各々がどんなイマージュとして自己を形象化するかということでありますので、説明の都合上、まずこのあいだ簡単にご説明いたしましたスーフィズムの説く魂の五つの層、五段階層を再確認しておきたいと思います。

この図表に描いてございますが、まず、全体がピラミッドをさかさにしたような形になっていることにご注意願います。このことは本日の話のいちばん最後のところで重要な意味をもってまいります。

いちばん上、すなわち意識の表面を表わす部分がナフス・アンマーラ(nafs ammārah)、この意味はこのあいだもくわしくお話いたしましたが、要するに心の感性的機能、感覚的機能の場所です。スーフィーはこれを欲情と情念の場として表象しますので、ナフス・アンマーラと名付けます。やたらに勝手な命令を下す——アンマーラというのはそういう意味です——、やたらに勝手な命令を下す、暴力的なナフス、魂ということです。

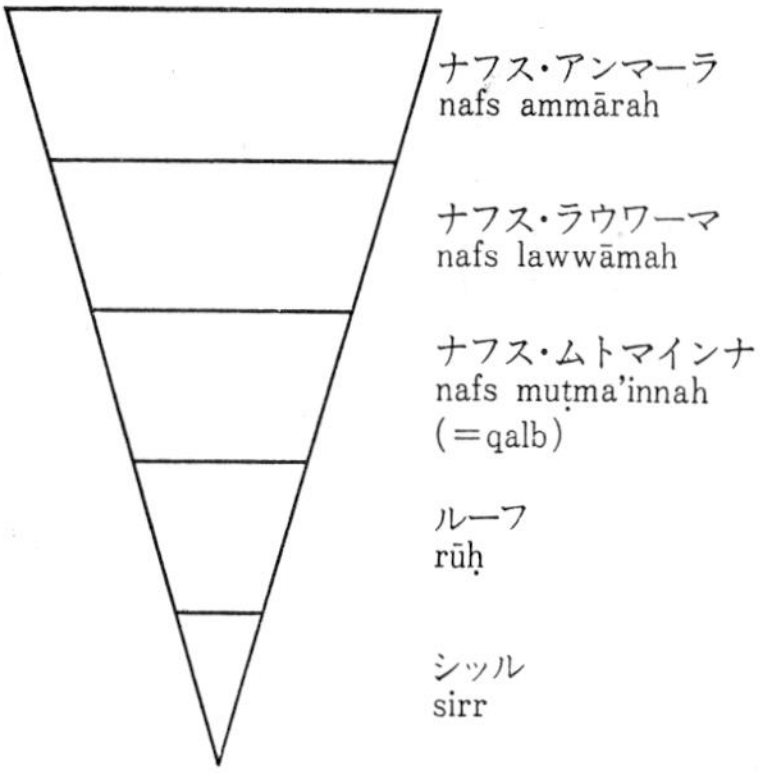

その一段下がナフス・ラウワーマ(nafs lawwāmah)、ラウワーマということは非難がましいということ。ナフス・ラウワーマ、非難がましい魂、つまり批判的な、理性的機能の領域、これをスーフィズムではとくに理性の領域とは考えませんで、主として事物の善悪、美醜を判断し、自らおよび他人の悪を批判し、非難し、糾弾する心の倫理的な働きと考えます。つまり良心の場です。

それから一段下、三段目、ナフス・ムトマインナ(nafs muṭma'innah)、寂滅《じゃくめつ》の心とでもいいますか、感性、理性の動揺がすっかりおさまり、心が浄化されて、この世のものならぬ静けさのうちに安らいだ状態です。これをスーフィーは心(qalb)とも呼びまして、特別に重要視することはこの前も申しました。なぜそれほど重要視するかといいますと、ここで魂がこの性質を根本的に変えると考えるからであります。カルブという言葉は心、あるいは心臓を意味するということをこの前申し上げましたが、このほかに動詞としては変貌するとか、変質する、つまりメタモルフォシスという意味があります。すなわちスーフィズムの考えによりますと、この段階で魂が本質的に変質してしまうのであります。

そしてそのつぎの第四段目、ルーフ(rūḥ)ですが、ここの段階において魂は完全に聖なる領域、神聖な領域、神的世界に入ります。スーフィーはそれを精神の黎明として体験します。伝統的な言葉で申しますと、これは照明体験(illuminatio の体験)の領域であります。

そして最後に第五番目の層、シッル(sirr)、直訳すると秘密、ちょっと真言密教を思わせるような言葉ですが、日常的意識にとってはまったく閉ざされた不可思議な世界、闇のまた闇、玄のまた玄(ghaib al-ghuyūb)。実はスーフィズム自身の立場からすれば、それこそ直前の第四層の光よりもっと純粋な、もっと強烈な光なのですけれど、この光が日常的認識主体の目には限りなく深い、恐ろしい暗黒として映るのであります。そしてスーフィズム独特の意識構造論からいうと、これが魂の一番奥底、意識の最深層ということになります。

第一層から第五層まで、およそ以上申し述べたようなものが、スーフィズムの構築した人間意識の構造モデルであります。スーフィーが内的に体験するいっさいのことは、このモデルにしたがって、その枠組みのなかで理解され、意味づけされることになります。ただし、前にもご注意しましたように、これは事実を解釈するためのモデルでありまして、人間の意識を本当にこのような形をした五段階の建築のようなものとして考えているわけではありません。ですから、このモデルでは第一層、すなわちいちばん上が感性的認識能力の領域で、それから一段一段と下に下がって、意識の深層が開けていくようにできておりますが、スーフィーの修行の実践的過程を描く場合には、通常その方向を逆にしまして感性的認識の領域をいちばん下におき、下からだんだん上に昇っていく、そして最後に頂上、すなわち神的意識の実現に到達するという形をとります。この点についてはまたあとでくわしくお話いたします。

ともかく上から下に向かってだんだん深みに降りていくといいましても、下から上に向かって高みに昇っていくといいましても、結局、同じことなのであります。ただ、モデルのつくり方が違うだけのこと、これら二つのいずれのモデルを使うにしましても、スーフィーの修行としてはこの出発点は人間的「われ」、つまり自我意識、最後に行きつくところは人間的自我の消滅即神的「われ」の実現であります。修行の過程は、この第一段から最後の段階に至るスーフィーの自覚の道程として表象されます。人間の自我の意識から神的意識、神の意識まで、純人間的なものから純神的なものへ、闇から光へ、この両極のあいだに広がる異常な精神的緊張のうちにスーフィーの魂はしだいに変貌し、変質していきます。そしてこの魂の変貌、変質、メタモルフォシスそのものがスーフィズムなのであります。

II 観想のテクニック

そしてこの魂のメタモルフォシス、変質を実現させる特殊な方法がズィクル(dhikr)と呼ばれる観想のテクニックであります。元来、魂、つまり心の働きのこのような根源的変貌、変質というものは、まれには天才的人間の場合に例外もあるにしても、また天才でなくとも、なにかふとした機縁で偶発的に起ることがあるとしましても、通常の場合はなにか組織的な精神訓練の方法によらなければなかなか達成できるものではない。このことはイスラームばかりでなく仏教、ヒンドゥー教、その他多くの伝統的宗教において周知の事実であります。イスラームでもこのような魂の変質がスーフィズム成立の実践的側面における根本条件として認知されるに伴いまして、スーフィー独特の観想のテクニックが次第に考案されてきます。

はじめのころは、つまりスーフィズムの歴史の最初期においては、一定の修行方法というものはありませんでした。が、まもなく、この道の師匠たちはまず自分自身のために、つぎに自分の下で指導を受けつつある門弟たちのために、いろいろな観想のテクニックというものを考案するのであります。そのなかで最も典型的、最も重要な、現在に至るまで重要な働きをなしておりますものが、いま申しましたズィクルと呼ばれる方法であります。

ズィクルというのはアラビア語ですが、言葉の意味としては、なにかをありありと心に思い浮かべること、とくにそのものの名を口に唱えることによってそのものの形象を心に呼び起し、それを心から離さずに長いあいだ保持することであります。浄土教で申します西方浄土の阿弥陀仏を心に思い、口に御名を唱える、いわゆる唱名《しょうみょう》、念仏と形式的に共通するところのある修行方法であります。また、名を唱える、唱名と同時に、その文句の呪術的エネルギーを身体のいろいろな特定の部分に定位させせまして、それをつぎつぎに動かしていく一種の内的な身体動作を伴う点で、真言密教の修行にも似ております。真言密教の修行では、ご承知のように、身《しん》・口《く》・意《い》と申しまして、身体と口と憶《おも》いを三つ同時に働かせることが行われますが、これと同じようなことがスーフィズムの修行でも行われるのであります。このことはまたあとでお話いたします。

では、具体的になんという言葉を口に唱えるのかと申しますと、いちばん古い時代にはただ、神、アッラー(Allāh)という一語をとめどなく繰り返すばかりでありました。アッラーという言葉は今ではあまりにも有名で、どなたもご存知だと思いますが、もともとアル・イラーハ(al-ilāh)が発音上つまってできたもので、al-は定冠詞、ilāhは一般に「神」ということ。大体、英語でいえばthe godに当ります。単数形の名詞に定冠詞がついておりますので、唯一絶対の神、英語なら大文字でGodというところです。イスラームは典型的な一神教ですからアッラーは神であり、アッラーだけが神です。ところで、ズィクルの修行は、はじめはアッラー、アッラーと繰り返すだけだったのですが、やがて時がたつにつれまして、アッラーという名を中心としてもっと複雑な文句が正式に使われるようになりました。いろいろありますけれども、そのなかでいちばん代表的な文句が「ラー・イラーハ・イッラー・アッラー」(Lā ilāha illā Allāh)、続けて「ラーイラーハイッラッラー」と読みます。その意味は、アッラー(Allāh)のほかには(illā)神は(ilāha)絶対にいない(lā)。アッラーのほかには、アッラーをのぞいては、神は絶対にない、ということ。ラーという言葉は否定詞ですが、文法的にこういうふうに使いますと非常に強い存在の否定を表わします。すなわち絶対に存在しない、一つもないという意味です。アッラーのほかには神といえるようなものは絶対に存在しないという意味です。密教のマントラや陀羅尼《だらに》とはちがいまして、この文句はふつうのアラビア語でそのまま意味がわかるふつうのやさしい文章です。ただ、ラー・イラーハ・イッラッラーというこのラー・ラー・ラーというシラブルの繰り返しが一種の呪文的効果をもつ、あるいはもちうることは事実でありますが。実際スーフィズムの外では、つまり一般にイスラームではこの文句は信徒の信仰箇条の第一番目として、信仰告白の言葉として決定的な役割をする言葉であります。しかしスーフィズムでは、この文句が単に信仰告白の言葉としてではなく、身体的、心理的に深い象徴的意味をもつ文句として修行に使われるのであります。

この文句は一見してわかりますように、二つに分かれております。lā ilāha までが第一部、illā Allāh が第二部、まんなかにちょっと線を引いて、(1) Lā ilāha / (2) illā Allah としていただくとよくわかると思いますが、第一部のラー・イラーハ、「神はない」、「神は絶対に存在しない」という否定文、これは先に申しました魂の第一層、つまりナフス・アンマーラ、欲望と欲情の渦巻く領域に成立するいっさいの通俗的な、つまり人間的情念に汚された神の形象を意識から一掃することを目的とします。そして第二部、イッラッラー、「アッラーのほかには」、「アッラーをのぞいて」という句は、これに反して肯定的、積極的性質のものでありまして、第一段階において、つまりラー・イラーハにおいて完全に浄化され、いかなる妄念の影もとどめぬ状態となった清らかな心の空間のなかに、純粋な汚れなき神のイマージュを導き入れてきます。こうして第一段と第二段、否定に始まり肯定に終るこの文句は、まず、アッラー以外のいっさいを否定しておいて、その否定の上にアッラーだけをいわばどっかり据え付けるのであります。しかし、この文句の内蔵する本当の精神的エネルギーとその実践的効果は、スーフィーが実際に心身を挙げてこの文句を唱える独特な形式を見なければわかりません。これはスーフィズムの完全に秘教的な側面ですが、それがわからないとこの文句の修行的、修道的意味もそれに伴う哲学的な意味もわかりませんので、ズィクルが実際どんなふうにして行われるのかということを簡単にこれからご説明いたします。

Ⅲ　ズィクル修行

まずズィクルの行に入るにあたりまして、修行者は二重の浄めをいたします。すなわち斎戒沐浴して体を浄め、それと同時に心のなかのあらゆる欲情、汚れた想念をとめて心を静め、浄めます。

内的な浄めといいますと、荘子のいわゆる心斎《しんさい》を想い起こされるかと思います。ご承知のとおり、『荘子』内篇の第四章(人間世篇《じんかんせい》)の中で荘子は、ふつうに斎戒とか、ものいみとかいうと、酒を飲まず、いやな匂いのするものを食べるのを控えたりして身体を清浄な状態にすることだと考えられているのに対しまして、そんなものよりずっと大切なのは心斎、すなわち内的な斎戒、内的なもののいみだと説き、それは己れの心を全く虚《むなし》うすることだと言っております。スーフィズムでも外的な、身体的な浄めと同時に、内的な心的な浄めの必要性が修行の第一歩において強調されるのであります。もっともズィクルにおいて要求される内的浄めは、荘子の場合のように、道の最後の段階で実現する絶対的無我、虚心の状態ではなくて、ただ一応の準備的な表層意識の浄化にすぎませんけれど。

ともかくスーフィズムの修行はこの内外の浄めから始まります。そして内的、外的二重の浄めによって体と心とを清浄にしたところで、修行者はこんどは薄暗い静かな部屋に入ります。そして香を焚きまして、あぐらを組んでどっかり坐ります。われわれのよく知っている禅の坐禅とちょっと似ております。といいましても、その坐り方は結跏趺坐《けっかふざ》ではありません。ふつうのあぐらです。ただし、現代イランでいちばん大きくて、いちばん有力なスーフィー教団であるニィマトゥッラー教団(Ni'matullāh)では、あぐらではなくて、日本人が畳の上にかしこまって坐るときのように正坐します。そして坐っておいて、左右の両手を開いたままそれぞれ左右の腿の上におきます。そして、まずいまご説明しました文句の最初の否定的部分、ラー・イラーハ、「神はない」、「神は絶対に存在しない」というところからゆっくりと唱え始めます。

その唱え方は意識の集中点を体のいろいろな特定の部分に定位しまして、それをだんだんと移していく。さきほどもちょっと申しましたが、密教の修行に似たところがございます。まず全意識のエネルギーを集中しまして最初の言葉、ラー、「絶対に存在しない」という言葉を発音します。発音し始める体の場所は左側の乳の先端のところ、またある昔のある文献によりますと臍下丹田《せいかたんでん》だといいますが、ともかくそういう一定の場所から強く押さえながら、しかも下から上に押し上げるようにして発音します。そしてそのラーのアーという母音を、声を押さえてしかも力強く、長く引きのばして発音しながら、つぎの語のイラーハ、「神」という言葉に達します。そのときまでに意識のエネルギーの集中点は左の胸から右肩あたりまで移されます。このイラーハという言葉、これはさっき申しましたように一般に神を意味する言葉ですが、それを自分の右肩を越してうしろ側に投げ出すような気持で発音いたします。そしてそれが終るか終らないうちに全体の文句のこんどは後半のイッラッラー、つまり積極的、肯定的部分、「アッラーのほかには」という部分に移ります。

そのやり方は最初のイッラーという言葉を、こんどは自分の右肩の上のあたりから発音し始めまして、精神の集中点をしだいにもとの左胸のほうへ移してまいります。そして移りきったところで、力をこめて最後のアッラーという言葉をあたかもハンマーで杭でも土にうち込むような気合いで、自分の心臓のまっただなかにうち込むのです。こうして心臓のなかに衝撃的な力でうち込まれたアッラーという言葉は、魂をその自然の眠りから呼びさまし、自分自身のなかにひそんでいる深み、つまり意識の深層を自覚させると想定されております。このズィクルを何べんも何べんも繰り返す。そしてその修行の過程は何日も何日も、人によっては何年も続けられます。

そのうちに、先にお話いたしました意識の第三層、カルブ(qalb)、心、つまり超感覚的認識の器官、粗大な感覚的器官とはまったく違った精緻な内面的器官であるカルブが発動し始めます。こうしてカルブの門が開かれますと、スーフィズムのいうところによりますと、神的な光がいずこからともなく差し込んできて魂に浸透し、ついに魂は溢れるばかりの光明にひたされると申します。そしてこの純粋光明の領域において行者は自分の第二の「われ」、真我に出会い、そしてそれと完全に一体となります。このようにして現成した新しい「われ」を、スーフィズムでは「内面の人」とか「光の人」とか呼びます。大体において禅宗でいう「人《にん》」です。それに到達する途はまったく違いますけれど。「光の人」についてはまたあとでくわしくお話いたします。

IV　イマージュの湧出

ところで、前回、私はスーフィズムにおける意識の深層の開顕の過程が、イマージュに満たされたものである、そしてある一定のイマージュ、あるいはイマージュ群が、意識のある一定の層に相関的に結びつき、それを指示するということを申しましたが、実はこれこそ修行道としてのスーフィズムをスーフィズムたらしめる大きな特徴としてきわめて重要なものであります。観想状態が深くなり意識がある深みまできますと、必ずそれに伴っておのずからある種のイマージュが湧き上がってくるのでありまして、弟子を指導する師匠は、それによって弟子がいまどの段階にいるかがわかる。これが禅宗の坐禅などでしたら、このような湧き起ってくるイマージュは妄想としてたちまち排除されることになるでありましょうが、スーフィズムでは逆に湧き起ってくるイマージュを全部、一〇〇パーセント利用いたします。これからこの前ご紹介いたしましたナジュム・クブラーの実に見事な分析的叙述にしたがってそのあらましをご説明いたしたいと思います。

言うまでもなく、修行の第一歩は魂の表層、ナフス・アンマーラ、つまり欲情の領域に成立している自我意識の処理から始まります。自我はもちろん、自分自身の状態がどんなに悲惨なものであるかを自覚していない。あらゆる欲望と情念が群がりうごめくこの領域の有様を、スーフィー的見地から見てクブラーはいろいろな動物の雑居する小屋に譬えております。犬や豚やロバや豹や象が一緒に入れられている薄暗い、きたない、狭い小屋。動物たちの糞尿から立ちのぼる臭気に息もつまりそうな場所。ただし、この動物小屋のイマージュは叙述的、あるいは描写的イマージュでありまして、修行によって喚起される原初的な、元型的な心象ではありません。元型的イマージュはズィクルによって観想状態に入った意識がおのずから吐き出す自分自身の絵姿なのですから、ズィクルが開始される以前のイマージュは、それがいかに真にせまった、迫力のあるものであっても、元型的イマージュとは性質が違います。

ズィクルの行を本格的に実践し始めた修行者が、ややこの道を進みますと、彼の意識の第一層ナフス・アンマーラはいくつかの、すぐそれとわかる特徴的なイマージュを生み始めます。今度のは元型的なイマージュです。第一に現われてくるのは深い深い井戸、あるいは地中の竪穴であります。行者自身は自分がその穴の底に落ち込んでいると感じます。一寸先も見えない暗闇が彼をすっぽり包み込んでいます。光はまったくありません。これはナジュム・クブラーの解釈によりますと、修行者の実存の純肉体的な側面がイマージュとして現われたものであります。

だが、ときどきこの厚い闇の壁を貫いてチラッチラッと怪しげな赤い光がひらめきます。

これは魂のなかに棲む悪魔の揺らめく火だとクブラーは申します。修行がもっと進んだあとの段階でもう一度火が現われますが、それは澄みきった、静まりかえった火であるのに反して、いまここで見える悪魔の火には、無気味な混濁の揺らめきがあるとクブラーは申します。

ところで、悪魔といま申しましたが、アラビア語ではシャイターン(shaiṭān)です。スーフィズムで悪魔と申しますと、これは激しい欲情、肉体的快楽を執拗に求めてやまぬ人間の心の衝動の形象化でありまして、この形象はしばしばさらに具体的に形象化されて、熱病にかかった狂暴な、そして体中汚物にまみれた犬の姿となって現われます。スーフィズムだけでなく、一般にイスラームでは、犬というのは宗教的に汚れた動物でありまして、このうえもなく汚れたもの、不浄物であります。犬にちょっと手がさわっただけでも、その手をたちまち水で洗って浄めなければならないほど汚れたものであります。

それはともかくとして、ここで犬の姿をとって現われてくる悪魔、それは人間の心の第一層にひそむ暗黒の力であって、人を不義、不倫の行為に駆り立てます。そしてこの赤い悪魔の火を見ると、修行者は全身に異常な鉛のような重さを感じる。胸はギュッと締め付けられ、手足はまるで大きな石でつぶされたような感じになると申します。

この赤い火のイマージュは、しかし、実は魂の第一層の全体ではなくて、そのなかに働く悪魔的なもの、黒い暗い力の形象化です。が、時とすると魂の第一層全体がそっくりそのままイマージュとなって自己投影することがあります。そのときの色は青＝ブルーです。晴れた空の青さ、具体的には泉のようなところから滾々《こんこん》と湧き上ってくる青い水のように見える。われわれの見方からしますと、大変美しい、すがすがしいイマージュのようですし、ふつうのイスラームの美的感覚から申しましても、ブルーは空の象徴として美しいものでありまして、ご承知のように建築や陶器や絵画、いたるところで美術的に使われております。しかし、スーフィズムから申しますと、青＝ブルーというのは不吉な色であります。

いったいスーフィズムでは色が大変独特な象徴的意味を担いますので、クブラーの代表するスーフィズムの色彩シンボリズム——赤とか緑とか黒とか、一つ一つの色に特殊な精神的意味を認める象徴主義的体系のことですが——では、青＝ブルーというのは魂の第一層に渦まく欲情の発散する妖気の色であります。ついでに申しておきますが、これに反して緑色＝グリーンは最高の色でありまして、イマージュがグリーンである場合には、それは魂の第三層が活発に働いているということを表わします。

さて、修行のこの第一段階を経てもう少しズィクルが深まってきますとイマージュが変ります。最初、穴の底を満たしていた文目《あやめ》もわかぬ暗闇が、少しずつ凝固してまいります。そして濃い黒雲になります。そしてさらにそのままズィクルを続けますと、何やら三日月らしいものがほのかに密雲を通して見え始め、やがて新月が雲の切れめにはっきり姿を表わしてくる。これはズィクルの文句のエネルギーが心のなかにしみ込んで、魂がそこでかなりの程度まで浄化されたことを表わすといいます。つまり魂は第一層を超えてナフス・ラウワーマの領域に入りつつあるのです。そして本当に魂の第二層に入るとともに、いままで見えていた黒雲が転じて白い層雲となります。

第二段階に入りますと、魂それ自体は昇ってきた太陽のイマージュとなって現われます。太陽は修行者の右の頬から昇ってきます。自分の右の頬から深紅の太陽が昇ってくる。それを自分の目で見る。しかもその印象は実に鮮明なので、太陽の熱を実際、頬に感ずるほどだといいます。そしてその太陽は耳の高さまで、時には額まで、ある時には頭の上まで昇ります。そしてこういうことが実際に経験されたとき、修行者の魂は疑いもなく第二層、ナフス・ラウワーマにいるのであります。

はじめに私は、修行者は最初、深い井戸のような地中の竪穴のなかにいると申しました。いまこの段階まできましても、彼はまだ穴の外には出ておりません。まだ穴のなかにいます。ただし、穴の底ではなくて出口のそばまできています。この状態がまたイマージュとなって表われます。すなわち、穴をいっぱいに満たしている黒い、暗い霧のまんなかに美しい緑の火が見えてくる。クブラーの色彩シンボリズムでは緑は最高の色だとさっき申しました。緑の光を発するこの火こそ、スーフィズムの神話的な宇宙論＝コスモロジーにおいて、全宇宙の中心点をなす巨大なエメラルド――これは古代インドの神話的な世界像において宇宙の中心をなすスメール山、つまりわれわれのいう須弥山《しゅみせん》のようなものに該当するのでありますが――宇宙の中心に巨大なエメラルドがありまして、そこから緑の光が出てくると考えられております。このエメラルドは、スーフィズムでは、神の国、神聖な空間、つまり神が直接に臨在する空間の入口に当ります。そしてこの超自然的な緑の光に導かれてスーフィーはいよいよ穴の外に出る。これが魂の第三層、寂滅の状態にある魂であります。ここから人間における神的次元が開けてきます。この段階までできますと、魂の見る自分自身のイマージュががらりと変ります。少しクブラー自身の文章を翻訳して引用してみたいと思います。

「魂がこの状態に入ると、きみは時として、きみの目の前に一つの円が現われてくるのを見るだろう。この円は十方に燦爛《さんらん》たる光を発散する巨大な光の泉のように見える。

つまり自分の経験的自我を超克しつつあるきみの目の前に突然、きみ自身の顔の丸い形が現われてくるのだ。それは磨き上げられて塵一つ残さぬ鏡の表面のように澄みきった清らかな光の円である。この円はしだいにきみの顔に迫ってくる。そしてついにきみの顔はその円のなかに吸い込まれてしまう。もし、きみが本当にこういう経験をしたらこの円こそ自分の魂の第三層のイマージュだと考えてまちがいない。」

いまここに引用しましたクブラーの文章には、スーフィズムにおける自我意識の根本構造についてのある重要な観念が象徴的に表現されております。すなわちこの段階にあるスーフィーの顔の前に現われて、ついにその顔をすっかり呑み込んでしまう光の円、それはスーフィー自身のもう一つの「われ」、本当の「われ」、つまり真我の現われる前ぶれなのであります。光の円はまだ真我それ自身ではありませんが、いま、まさに現われてこようとしている真我が、この顕現直前の充実し、緊張したエネルギーを自己の前に投射することによって生起するイマージュであります。そしてこのようなことを実際に経験するスーフィーは、いまや自分の経験的、現象的「われ」が、形而上的「われ」に変質する決定的転換点の直前にいることを自覚します。

そしてまもなくこの先駆的イマージュ体験において生き生きと予感された転換が、これもまた一つの異常な光の体験となって起ります。クブラー自身くわしい描写をしておりますので、しばらくその言葉を聞いてみることにいたしたいと思います。引用しますこの描写は、いま申しましたスーフィーの顔の前に光の円が現われてきて、そのなかにスーフィーの顔が呑み込まれてしまうというところを、もう一度、別の言葉で繰り返すことから始まります。

「顔の前に現われた円がしだいに澄みきってくると、それは明るい光を発出し始める。まるで泉から噴出する水のように光は出てくる。そして修行者はこの光が実は自分の顔からそのまま噴出しているのであることに気づく。光は彼の目と眉のあいだから発出する。やがてこの光の円は、彼の顔全体をそっくり包み込んでしまう(ここまでが前に引用した文に描写された体験の繰り返し。ここから新しい事態に移ります)。と同時に、彼の顔のまん前にもう一つ別の顔が現われる。この顔もまた光を発出している。そしてその光の薄い垂れ幕の向こうに燦爛たる太陽が見える、この太陽は前にうしろに揺らめく。この第二の顔こそきみの本当の顔なのだ(いわば「汝父母未生以前本来面目」とでもいうところでしょうか)。この太陽こそきみ自身のなかで彼方、此方に揺らめくルーフ(意識の第四層)の太陽なのである。」

この段階までできますと意識だけではなくて、スーフィーの人間そのものが、肉体としての人間であることをやめて光の人間となります。「光の人間」という言葉は原語ではシャフス・ミン・ヌール(shakhṣ min nūr)、ヌールというのは光ということ。ミンは「……からできた」ということ、光からできたシャフス、人ということです。シャフス・アンワーリー(shakhṣ anwārī)ともいいます。アンワーリーとは「光的な」という形容詞ですから、全体で光的な人ということになります。ここで光の人間という形に変貌したスーフィーは、さっき申しました第二の「われ」、すなわち真我の担い手であります。この光の人間についてのクブラーの文章をもうちょっと読んでみたいと思います。

「そのとき、一種の純粋な精神的清澄さが大気のようにきみの身体全体を包んで、きみは自分の面前にまぶしいばかりの光を噴出する光の人が立っているのに気がつく。それと同時に、きみもまた光を吹き出していることをきみは自分で意識する。」

この光の人こそ修行者の本当の「われ」、真の主体であることをクブラーは繰り返し繰り返し強調いたします。そして例の世に有名な「チャーンドーギヤ・ウパニシャッド」第六章、第十二節にある「それこそは真実、それこそはアートマン、まさに汝こそそれである」(Tat satyaṃ sa ātmā tat tvam asi)、とくに有名なその最後の部分、タット・トヴァム・アスィ(Tat tvam asi)、「汝こそそれである」を思わせる言葉でアンタ・フワ(Anta huwa)「汝が彼である」と申します。アンタとはアラビア語で「汝」ということ、フワとは「彼」ということ。「汝こそ彼である」という意味です。しかし実を言いますと、スーフィズムのこの段階における「汝」——つまり「汝の真我」——は、まだウパニシャッドの言葉に表現された最高の境地には到達しておりません。この点はこれから申し上げることで、すぐおわかりいただけると存じます。

V 「神顕的われ」と「神的われ」

こうして、ズィクル修行の最後段階において日常的な「われ」の意識、誤って本当の「われ」であるかのごとく措定されていた自我は、いまはじめて現われた第二の「われ」、真我のなかに消融してしまいます。この第二の「われ」をスーフィズムでは「神顕的われ」、つまり神がそこで自らを現わす、顕現する「われ」と呼びます。神顕的というのはスーフィズムの見地から見ますと、この第二の「われ」こそ神が自己を顕現する場だからであります。比喩的にこの第二の「われ」を神が自らを映す鏡とも申します。ただし、ここで鏡といいましても、この表面にものを映すそれ自体不透明な物体としての鏡、ふつうの鏡ではありませんで、透明な水のような鏡を考えているのであります。この鏡を透き通して、その彼方に、その表面にではなく向こう側に、神が姿を現わすと考えます。そしてこのような意味での神の鏡になりきったわれを「神顕的われ」、神の現われる「われ」というのであります。

とにかくこのように真我として自己を確立した人間の新しい「われ」が、神に対しましてわれ―汝の関係に入ります。日常的自我、すなわち偽りの「われ」ではなくて本当の「われ」、神が透き通しになって現われているような「われ」であってはじめて、神とわれ―汝の関係に立てるのであります。

この、われ―汝の関係の顕著な特徴は、それが言語的コミュニケーションの次元において成立するということであります。すなわちそれがなによりもまず、われ―汝の対話、ダイアローグとして成立するということであります。

すぐお気付きになりますように、これはきわめて一神教的な状況把握でありまして、人間が神と親しく語り合うなどということは、絶対者を唯一の人格的な神として立てるセム的な一神教のコンテクストにおいてはじめて考えられることであります。しかしながらここで特に注意しなければならないのは、この場合、神は人間が自分を無限に超越する絶対超越的な神として、はるか彼方、はるか天の彼方にのぞみつつ、それを崇《あが》めるというような超越的神ではないという事実であります。つまりふつうの一神教的な神と人間との関係、神と人間とのいわば垂直的な関係とはまったくちがいまして、水平面に、同じレヴェルに面々相対して立ちながら言葉を交わすという、一神教としてはまことに異常な状態が実現する。そこにスーフィズム独特の立場があります。そういう水平的な神と人間との対話、垂直ではなくて、水平の神と人間との対話、その人間の側の主体がいま申しました神が透き通しになって現われている「われ」、つまり「神顕的われ」なのであります。「神顕的われ」が一方で、もう一方が「神的われ」、こういう二つのペルソナの間に起る対話であります。

神と対話するものとして、いわば神と同一水平面に立つこの「神顕的われ」の実現は、意識の、先ほどから申しております第四層のルーフ、寂滅の魂の領域において生起するあるひそやかな出来事でありまして、この出来事そのものもスーフィーの主体的体験としては非常に特殊なイマージュで形象化されます。この点についてクブラー自身の叙述がありますので、ちょっと引用してみます。スーフィーの実体験も、この段階ぐらいまでできますと、いかに異様なものになるかということがよくわかります。

「ここにいたってズィクルの文句の極度に集中されたエネルギーは、修行者の右の脇腹に小さな穴をあける。その穴は外から見るとまるで傷口のように見える。そこからズィクルの文句の内的エネルギーが光となって流出している。やがて、この傷口は少しずつ動き始め、修行者の心のなかでズィクルの力が占める焦点の移動に伴って、体のほかの部分につぎつぎに移動していく。そして最初、右脇腹にあったこの傷口はゆっくりと体のいろいろな部分をへめぐって、最後に背中までくる。そしてこの傷口の移動するあいだ中、修行者は傷口の内側と外側とをはっきり意識する。そして最後に完全に変貌した魂は、この小さな穴を通って体から抜け出し、上昇し、ついに神の聖なる空間に到達するのである。」

こうして神の聖なる空間、神の聖域に踏み入った魂にとって、神はもはや彼という第三人称ではありません。つまり先に申しました限りなく人を超越する――限りなく人を超えた超越的神ではありません、かといって、人の内面にひそむ内在神でもありません。そうではなくて、第二人称です。汝です。そして、このようにして成立した話し手と聞き手という、いわば同資格の二つの対話者、ペルソナのあいだに言葉がかわされます。こういう対話を神秘主義特有の術語でムナージャート(munājāt)と呼びます。

ムナージャートというのは元来、ふつうのアラビア語では、親密な二人の人間、多くは恋愛中の男女のあいだに人知れぬところで交わされるひめやかな語らいということでありまず。そして、事実いま申しましたスーフィーの精神的次元で成立する神と人とのムナージャートも、いわゆる恋の睦言《むつごと》として著しく密室的な、時としてはきわめてエロティックな形をとります。神はここでは妖艶な美女、人はそれに恋い焦がれ、恋にうつつをぬかす男、これはペルシアの詩人たちの独壇場でありまして、ペルシア文学史を華やかに彩る恋愛抒情詩の大きな特徴であります。

それはともかくとしまして、神と人とが同資格で水平面に対面し、言葉を交わすということは、一神教以外の宗教では絶対に考えられないことであるばかりではなく、一神教においても、ふつうではとうてい想像できない異常な状況でありまして、史上、多くのスーフィーたちがその大胆な表現の故に、神を冒瀆したという罪で死刑に処せられたのも、ある意味では当然であります。

しかも、正統的なイスラームの立場からみてもっと冒瀆的なのは、この対話的状況においては、われ―汝の親しさがあまりにも深くて、両者が時としてほとんどどちらがどちらとも区別しがたいまでに感じられるということであります。たとえば、前回も名前を出しましたハッラージ、有名な神秘家ですが、この人の詩の一節にこんな言葉があります。特に「われ」と「汝」という代名詞をはっきり対照させて訳してみます。

ああ、なんという不思議なものか、われと汝のこの結びつき。
汝の汝は、われのわれをわれから消し去って
あまりにも汝に近く引きよせられたわれ故に
汝のわれか、われのわれかと戸惑うばかり。

「汝のわれか、われのわれかと戸惑うばかり」と申します。つまり「神的われ」、神そのものの「われ」と、「神顕的われ」、神が透き通しになっている人間の「われ」とが、ほとんど区別しがたいまでに近くなっている。あるかなきかの薄い膜が両者をへだてているだけで、ほとんど、二つは一つであります。しかし、また他面、それでもなお「神的われ」と、人間の「神顕的われ」とのあいだには、ともかく区別が保たれている。そうでなければ対話が成立しません。そもそも対話＝ダイアローグとは一つのロゴスが二つの極に分かれて展開する形式なのですから、それは当然のことであります。ロゴスのこの二つに分か

れた枝の一つずつをそれぞれ体現する二つのペルソナが対面しているからこそ、そこに対話的状況というものが成立するのであります。

この微妙な状態は、「神的われ」と「神顕的われ」とがどんなに近くなってもまだ残ります。そのようなぎりぎりの状態を、詩人ルーミー(Rūmī, Jalāl al-Dīn, 1207–73)はつぎのように謳っております。ジャラールッ・ディーン・ルーミー、十三世紀のスーフィズムの巨匠、その人の足跡は現代なおトルコのコニヤ地方にいわゆる「踊るスーフィーたち」の教団としてマウラヴィー教団という名の下に活躍しております。ジャラールッ・ディーン・ルーミー、神秘哲学的長編詩『マスナヴィー』(Mathnavī)の著者としていまでは世界的に有名であります。この『マスナヴィー』ではありませんが、ルーミーの言葉を弟子たちが集めた語録を私は先年『ルーミー語録』(岩波書店「イスラーム古典叢書」、一九七八年)として訳して出しました。「ペルシア人のコーラン」とまで讃えられ、ペルシア文学の最高峯として、数知れぬ人々に愛読されてきたこの哲学的長編詩『マスナヴィー』の訳は日本にはまだございません。いまから引用しますのは、この『マスナヴィー』ではなくて、彼のもう一つの『シャムス・タブリーズ詩集』(Dīvān-e Shams-e Tabrīz)という抒情詩集の一節です。もっとも「われ」と「汝」というような言葉を使いますとあまり訳が抒情的になりませんけれども、ここでは意味のほうが大事なのですから仕方ありません。

われらのあいだから汝とわれは消え去って
われはわれでなく、汝、汝ではなく、さりとて
汝、すなわちわれでもない
われはわれでありながらしかも汝
汝は汝でありながらしかもわれ

ここまで来ても、いちおう「われ」と汝が分かれているのです、まだ依然としてわれ―汝の対話であります。モノローグではありません。スーフィズムの目ざす究極の境地である「われ」の消滅、道元禅師が「仏道をならうというは自己をならうなり。自己をならうとは自己を忘るるなり」といっておられます。有名な言葉ですが、「自己を忘るる」ということ、つまり「われ」の消滅、それがいかに困難な、時間のかかる、苦渋に満ちた精神的出来事であるかということをよく物語っております。

VI　神的第一人称

しかし、この最後の難関も、やがて克服されるときがきます。十分に修行を積んだスーフィーにとっては、それは実は何でもないことでさえあるのです。ほんのちょっとした力点の置き場が変るだけのことですから。元来、「神顕的われ」と呼んで「神的われ」と区別しましたものは、字義どおり神が自己を顕現する場所としての「われ」ということであります。神の自己顕現の場所としての「われ」――力点を神の自己顕現というほうに完全に移してしまえば、たちまち場所は消えて、というのは、その場所すら実は神の自己顕現なのですから、すべては純粋に神の自己顕現だけになってしまいます。

このことをスーフィズムの理論ではこう申します。神の純形而上的な空間においては、二つの「われ」は絶対に双び立つことはないと。二つの「われ」が双び立って、互いに対立し、親しみあい、交渉しあうのは、要するに人間の実在的、経験的領域においてのみでありまして、存在の経験的次元を出て、形而上的次元に入れば、経験界で成立していた「われ」の姿は幻のごとく消えて、ただ一つ、「神的われ」になってしまいます。汝に対面する「われ」ではなくて、ただの「われ」です。「われ」ともいえない「われ」であります。もうここでは対話の余地はぜんぜんありません。神のモノローグ、独白があるだけです。神の独り言です。スーフィーの「われ」に対する神の「汝」はここにはないのですから。

こういう境地において「神的われ」は純粋に、混りけのない第一人称で発言いたします。ただし、その言葉はスーフィーの口を通じて出てきます。このような言葉をスーフィズムの術語ではシャタハート(Shaṭaḥāt)と申します。私はこれを「酔言」、酔った言葉と訳しますが、酒に酔った人の言葉、これは素面《しらふ》ではとうてい口にできないような言葉なのです。それはいずれもふつうの信者の耳には、神に対するこのうえもない冒瀆と響く言葉、スキャンダル以外のなにものでもない大胆不敵な表現でありまして、そういう酔言、シャタハートの多くが今日まで伝えられてきております。前にあげましたハッラージの「アナルハック」(「われこそは絶対者」、つまり「われこそは神」)とか、ほぼ同時代の偉大なスーフィーであったバーヤジード・バスターミー(Bāyazīd Basṭāmī)の「スブハーニー(Subḥānī)」(「われに栄光あれ」)など。

ついでながらこの人の名前をふつう、ニコルソンはじめ西洋の東洋学者は、いままでビスターミーと発音してきました。お聞きになったことがおありかと思いますが、しかしこのビスターミーという読み方はまちがいでありまして、バスターミーと読むべきなのです。バスターミーとは「バスタームという場所の出身者」ということ。「ビスターム」という場所はございません。

それから「スブハーニー」(「われに栄光あれ」)という言葉ですが、これは「スブハーナ・アッラー(Subḥāna Allāh)」(「神に栄光あれ」)というのがふつうでありまして、これは神に対する熱烈な賛美の情の発露であります。それが、ここでは「スブハーニー」(「われに栄光あれ」)となっているのであります。

この種の言葉について、注意しなければならないのは、それがスーフィーの日常的自我の絶滅の場において、その無の深淵のさなかから、おのずから立ち昇ってくる神的第一人称の発言でありながら、しかも、その言葉は現実にはスーフィーの口を通じて出てくるということであります。ここにいったん失われたスーフィーの「われ」が、こんどは神の「われ」の自覚の場として、生まれ変った新しい「われ」として、再び立ち直ってくる可能性がひそんでいるのであります。言葉を換えて申しますと、「われ」もなく、世界もなく、主体、客体ともに含めて全存在界が無化される、その無が逆にそのまま全存在界の有の源として、すなわち、全存在界発出のゼロ・ポイントとして新たに自覚されるということが起るのであります。このように絶対的無を経たのちでの有の究極的充実として新たに成立する「われ」の自覚を、私は神秘主義的主体と呼ぶことにしております。

Ⅶ　スーフィズムと哲学的思惟

以上、私はスーフィズムの修行過程を、いちばん初歩的段階から始めて、最後にスーフィー的主体性が確立されるところまでたどってまいりました。このスーフィー的主体、神秘主義的主体が、その最高の「神的われ」の絶対境地から、人間的理性の次元まで降りてきまして哲学的に思惟し始めたらどんなことになるか、それがわれわれに最後に残された問題であります。

もちろんこのスーフィー的主体は必ずしも哲学的思索の道に入るとはかぎっておりませんので、というよりは、むしろ大多数のスーフィーは、この道に入ることを潔《いさぎよ》しとせず、むしろ哲学以前の領域にとどまって、先ほどお話いたしました意識の第四層、第五層でのヴィジョンを「シャタハート」＝酔っぱらいの言葉、酔言として表現するにとどめておくか——そしてこれがスーフィズムの歴史の最初期に現われた巨匠たちの多くがとった道なのですが——そうでなければ中期・後期のスーフィーたちの多くに見られますように、自分がたどってきた修行の道程において体験したことを詩的言語に移して表現する——それがペルシア文学の一大特徴をなす神秘主義的象徴文学なのですが——、そのどちらかの場合であることのほうがずっと多いのです。しかし、なかには道の蘊奥をきわめたのちに、哲学的衝動のおもむくまま、自分の体験にもとづいて積極的に哲学を始める人もあったのであります。その結果が前回申しましたイルファーンという特別の哲学であり、その最初の、そしておそらく最も偉大な代表者がイブン・アラビーとスフラワルディーの二人でありります。時間の都合もありますので、この二人のうちでイブン・アラビーのほうを主といたしまして、イルファーン的哲学の基礎をお話したいと思います。と申しましても、もちろんごく簡単な初歩的な見取図を描くことしかできませんが。

一般に神秘主義といわれているもの、とくにイスラームの神秘主義、スーフィズムはどのような点で哲学的思惟と結びついていくか、どこに両者の本質構造的な接点があるか、まずそのへんから考え始めてみたいと思います。

そもそもわれわれの世界との認識的な出会いは、さまざまな感覚的印象の渾沌たる渦を知覚的に整理するところから始まるとみてよろしいかと思います。感覚と知覚、それがわれわれの日常的経験の世界を構成します。ふつうの人にとってはそれが現実であり、それだけでけっこうなのですが、しかし、それだけでは満足できない人たちもあります。われわれが感覚・知覚を通じて接触する現実、いわゆる経験世界は、それはそれなりにその次元においてはたしかにリアリティーではありましょうけれども、それは本当のリアリティーの一部であり、表層であって、この表層の下にはどこまで続いていくかちょっとわからないような深層がある。この存在の深みを知ってこそ存在を知ったということになる。そしてそういう存在の深みを含んだ多層的構造こそが、本当の意味での現実というものであるというわけであります。

日常的経験の次元におけるわれわれの世界との出会いは、いま申しましたように、感覚器官を通じて生起する無数の感性的印象の入り乱れ、錯綜する渾沌であります。われわれはふつうこの感性的渾沌の諸要素のあるものを知覚的に選択しまして、一定の形で整理することによって、そこにわれわれにとって意味のある一つの存在秩序、すなわち「世界」

をつくり上げます。この知覚的選択と整理の過程には言語の意味的カテゴライゼーション、つまり類別的対象化というものが内面から大きく働いていると考えます。現代言語理論でよく近ごろ問題にされておりますフランスのマルティネ(André Martinet)の提唱する二重分節(la double articulation)理論にしたがって申しますならば、言語の第一分節の存在論的作用というようなことになりましょうか。つまりわれわれの経験する存在界、われわれにとっての有意味的な存在秩序としての世界は、第一次的に知覚とともに、知覚によってつくり出されるのでありますが、その知覚の作用そのもののなかに言語が範疇的に、あるいは第一分節的に入り込んできて、はじめからその構造を規定していると考えるのでありますす。簡単にいいますと、われわれは現実をなまのままとらえているのではなくて、われわれがそれを意識するときには、すでにもう言語的記号単位、あるいは第一分節単位、つまり「赤い」とか「白い」とか、「花」とか「山」とかいう語の分節作用によってあらかじめ意味的に整理されている。そういう形で経験されたものがいわゆる現実の表層でありますす。しかし、その整理の仕方、すなわち第一分節体系のあり方は、言語ごとに微妙に違ってきます。

こうしてみますと、われわれがふつうに経験するいわゆる現実なるものが存在のきわめて極限された、歪曲された形象にすぎないということになります。神秘家――われわれの場合にはスーフィーですが――とは哲学的に申しますと、まず第一に、このような言語習慣からくる限定を取り払って、存在のなまの姿にじかにぶつかりたい、また、そういう形而上的実在体験が実際に可能であると信じている人たちであります。「赤い」とか「白い」とか、「花」だとか「山」だとかいういっさいの言語的な限定をきれいに取り払ってしまって、その向うにあるXをXとして見るということであります。それがすなわち実在の深層を見るということであります。そうして、そうしたあとで、改めて「赤」とか「白」とか「山」とか「花」とかとして限定された姿において現実を見直す。すなわち無限定のXがしだいにさまざまに自己を限定していくありさまを、Xの立場から新しく眺める、そういう過程を経ることによって、存在世界の真のあり方が把握できると考えるのであります。

つまりまず最初に形而上的体験がなければならない。そういうものがあって、そのうえではじめてそれの自己展開として形而上学とか、存在論が可能になってくる。しかし、たびたび申しましたように、形而上的経験とはいわゆる現実の深層を直接に見るということであります。スーフィズムにいわせますと、現実の深層を見るためには、認識主体としてのわれわれの意識が変らなければならない。つまり意識そのものが深化されなければならない。言い換えますと、意識の表面ではなくて深層が開かれなければならない。そのための方法が、さっきややくわしくご説明しましたズィクルの修行であります。心が観想状態、三昧《さんまい》に入ってしだいに深まっていくにしたがって、感覚、知覚、理性とはまったくちがった異質の認識能力が発動し始める。これは誰でも実際に経験できることです。そしてそれに応じて事物、あるいは世界のいままで隠れていた側面が見えてくる。そして神秘家にとってはそれが現実の真相、真の姿でもあり、また深層でもあるのです。通常の意識が拡大されてその地平が広くなるといってもいいかと思いますが、神秘家スーフィーの感じ方にもっと忠実にいいますと、意識の深い層が開かれて、そこに存在の深みが現われてくると表現したほうがいいと思います。つまり前にも申しましたように、意識の浅い層は現実の浅い層を見る。意識の深い層は現実の深い層を見るということです。そして観想状態において開かれる意識のこの新しい地平に、そしてそこにのみ存在の深みが開示される、ということは、神秘家たちのゆるがすことのできない確信でありまして、彼らにとってはそれが観想体験の実在認識的な価値あるいは意義であります。したがって、またそれこそ神秘主義が哲学と切っても切れない縁《えにし》で結ばれるところ、神秘主義が哲学として展開する始点《アルケー》なのであります。

もし、哲学なるものが、一般的に言って、事物・世界、あるいは現実を真にそれらがあるままに、つまり仏教でいう「如実《にょじつ》に」把握することと深く関わるものであるとすれば、そしてまた神秘主義的主体において開かれた意識の深層が事物の真のあり方(深層＝真相)を知るものであるとすれば、神秘主義に決定的な哲学的価値のあることは当然でありまして、むしろイブン・アラビーやスフラワルディーが断言していますように、そういう体験知をのぞいては、存在論も形而上学も成立し得ないとすら言えるのではないかと思います。もちろん、観想意識に開示されるものこそ真実在であり、存在の真相であるということを理論的に証明することはできない。そこに問題があると言えば言えましょう。要するに、神秘家たちの哲学的立場は、ヤスペルスの表現を使えば一つの「哲学的信仰」(philosophischer Glaube)であります。しかしここまでくれば、どんな哲学もそれぞれの「哲学的信仰」の基礎の上にうち立てられたものといわざるを得ません。経験論者、実証主義者にも彼ら独特の「哲学的信仰」があります。素朴実在論ですら、疑いもなく一つの「哲学的信仰」であります。ですから私はこの問題はここではもうこれ以上追求しないことにして、事実上、イスラームの神秘主義において成立した観想的主体が哲学的にコギトを宣言し、哲学的に思惟し始めるとき、その思惟はどんな形をとり、どんな構造をもつ哲学として展開するかという問題に注意の方向を移してまいりたいと思います。

VIII　意識零度・存在零度

いま申しましたとおり意識の表層にうつる現実は、いろいろな事物が物質的にはっきり識別されまして、それら相互のあいだにさまざまな関係、静的・動的な関係の成立している世界であります。これらの事物とその相互の関係、関連はそれぞれ名前を得ることによって言語的にはっきり固定されておりまして、それがさっきご説明いたしました言語の意味的分節ということであります。

そこで、観想修行によって意識の深部が開かれていきますと、この現実の言語的分節の枠組みがだんだん取り除かれていきます。まず第一に、事物相互の区別がはっきりしなくなってくる。意識の表層しか活動していなかった間は、確固たるものとして現われていた事物がものの性を失って流動的になってきます。それにつれて、それらのものの性質、つまり属性として、たとえば「赤い」とか「白い」とかいう性質として固定されていたものもだんだん流動的になってきます。そしてもちろんそれら事物のあいだの関係も浮動的になります。いままでかっちりと永遠不動のように思われてきたすべてのものの本質、いわゆるエッセンティア(essentia)が、いわば春の氷のように溶け始める、とでも言いましょうか。この見地からひるがえってわれわれの日常的経験世界を見ますと、それは「現実」どころか、まるで夢の世界です。われわれ自身ものであり、無数のものに取り巻かれ、ものと関わって生きている。つまりわれわれはものの夢を見ているということです。そのものの夢をわれわれはふつう現実と呼んでおります。

ところが、三昧に入りますと、いままで硬く固まっていたこのものの世界が流動的になってくる。もののいわゆる本質がまぼろしのようにはかないものとなり、それらの本質の形成するものの輪郭がぼけてきます。つまり花が花でありながら、花というものではなくなる。鳥が鳥というものではなくなる。こうしてすべてが透明になり、いわば互いにしみ透り、混じり合って渾然たる一体になってしまう。

そして意識の深化がもう一歩進みますと、それらすべてのものが錯綜し混じりあってできた全体が、ついにまったく内的に何もない完全な一になってしまう。もうそこではかつてものであったものの痕跡すらありませんので、その意味で無であります。そこではもはや、見るものも見られるものもありません。主体も客体もなく、意識も世界も完全に消えて、無を無として意識する意識もありません。このことをスーフィズムではファナー・アル・ファナー(fanā' al-fanā')、「消滅の消滅」、つまり自我消滅の自我消滅と申します。つまり、無を無として意識する意識すらないということです。「消滅の消滅」、純粋な無、絶対的な無であります。主体的意識が観想状態の究極において完全に消滅して無となる、この意識のゼロ・ポイントに忽然《こつぜん》として現われてくる実在のゼロ・ポイント、これを絶対無と見ることは、存在論的に申しますと、それを実在の絶対無分節の状態、内的にまったく分節されていない、区別されていない、まったく限定されていない状態として見ることであります。

　実在のゼロ・ポイントを東洋では伝統的にいろいろな名で呼んでまいりました。たとえば老荘の「道」、易の「太極」とか、大乗仏教の「真如《しんにょ》」とか「空」とか、禅の「無」とか。スーフィズムでは一般にハック(ḥaqq)という言葉を使います。ハックとはこのあいだからお話しておりますハッラージの有名なアナルハック、「われこそは真実在」という言葉に使われているあのハックです。真実在、絶対的真実、絶対者ということです。しかしスフラワルディーは、術語的にこれを「光」(nūr)と呼び、イブン・アラビーは「存在《ウジュード》」

(wujūd)と呼びます。

もっともスフラワルディーにおいては、いっさいが、現象界も含めて全世界が、ことごとくさまざまな度合いの光でありますので、とくにゼロ・ポイントにおける光を、「光の光」(nūr al-anwār)、すなわちいろいろな光のなかの光、最高の光と呼びます。同様にイブン・アラビーにおいてはゼロ・ポイントにおける「存在」をとくにガイブ(ghaib)と呼びます。ガイブというのは、文字どおりには「隠れて見えない状態」ということであります。何ものもなく、何の形跡もなく、いっさいが無の深淵に沈み込んで姿を隠してしまった状態、つまり絶対無としての存在ということです。これが存在そのものでありながら、しかも無であって、何ものもないというのは、この次元における存在のリアリティーが、前にも申しましたようにまったく無限定であるからでありまして、その無がそれに内在する創造的形成力に押されて自己をしだいに限定していきます。まったく無分節だったものがいろいろな形に自己分節していく。そうするといろいろなものが現われて、いわゆる現象界が成立すると考えます。

なお、ここでちょっとご注意しておきますが、イブン・アラビーの術語として「存在《ウジュード》」(wujūd)という言葉は存在というものではありません。つまり存在者ではない。存在(esse)

であります。すなわち、彼の哲学の基礎をなす「存在」というのは存在的活力、宇宙に遍在し十方に貫流する形而上的生命的エネルギーでありまして、何か実体的なものではありません。ハイデッガー的な言い方をしますと、「ザイン(Sein)」であって「ダス・ザイエンデ(das Seiende)」ではないのです。ですからイブン・アラビーの存在の哲学は、ハイデッガーのいう意味で徹底的に「存在」的であって、「存在者」的ではありません。ただ、この存在的エネルギーは、その自己限定の道程において階層的にものを生み出していきますので、この意味において存在者も哲学的に問題となるというだけのことであります。どう問題になるかといいますと、存在エネルギーの仮りの結晶体、仮構的な現われの形としての性質が問題となるのであります。

存在はそのゼロ・ポイントにおいてのみ、真相を開示する、それだけが本当の意味でのリアリティーであるとしますと、その他の次元におけるそれの現われには、厳密な意味での実在性はないことになります。しかし、ふつうの人には存在の限定された形、現象的形態だけしか見えませんので、そこに見えるものが本当にあるものだと思い込む。そこでわれわれは、たとえば咲いている花を見て、「ここに花がある」などといいます。つまり「ここに花というものが存在する」というわけです。しかし、イブン・アラビーにいわせますと、こういう表現は事の真相を非常に歪んだ形で呈示するだけのものでありまして、本当は花があるのではありません、存在があるだけです、花という限定を受けた形で。しかしこういうと、存在がまたものになってしまいますので、もう少し正確に表現して、存在的エネルギーがここで花という形に仮りに結晶して自己を現わしているとでも言うべきなのです。つまり事の真相を叙述するためには、ふつうの日常的言語のほかに、あるいはその上に、一種の哲学的なメタ言語、高次言語というものをつくる必要が出てくるのであります。このメタ言語では「花が存在する」と申しませんで、日本語としては妙な表現になりますが、「存在が花する」とか、「ここで存在が花している」とかいうような形でなければならないのであります。とにかく、この哲学的メタ言語では、あらゆる場合に存在が、そして存在だけが主語になるべきであります。他のあらゆるものはすべて述語です。このように理解された「存在」、つまり絶対無限定な存在そのものを頂点において、その自己限定、自己分節の形として存在者の世界が展開する。イブン・アラビーの哲学的世界像を最大限に単純化して考えますと、だいたいこのような形になると思います。

Ⅸ　意識と存在の構造モデル

いま私は存在を頂点におくと申しました。すなわち絶対無としての存在が三角形の頂点として上にきまして、感覚的、知覚的事物が底辺として下にくることになります。ところが、前に私はスーフィズムにおける深層意識構造のモデルをご説明いたしましたときに、それがピラミッドを逆にしたような形としてモデル化されると申しました。三角形の底辺が上にきて、頂点がいちばん下にくる形です。このモデルではいちばん上の底辺が意識の表層を表わしまして、それからだんだん下に下って第五番目の領域に入り、その突端に意識の最深部、意識のゼロ・ポイントがくるという構造です。一見しておわかりになりますように、浅いところから深いところにしだいに降りていく形になっております。

ところが、この意識の構造に対応する存在領域、そしてまたそれを自覚する修行の過程を構造化する場合には、これとは逆に頂点が上にくるふつうの三角形としてモデル化するのがイスラームではふつうであります。つまりモデルの立て方が逆になります。修行の道程として考えてみますと、修行者は観想体験において下から上に向かって登っていくという考え方になります。そしていったん頂上に達したあとで、こんどはいわばその道程の裏側を上から下に向かって降りてくる。スウード(suʻūd)とヌズール(nuzūl)、ここに掲げました図の左側のスウードというのは文字どおり「登り」ということ、右側のヌズールというのは「下り」、上昇と下降、登り道と下り道です。

もちろんこの上昇過程と下降過程の段階は、意識の段階を表わすと同時に、存在エネルギーの自己収斂と自己展開の道程をも表わします。仏教的にいいますと、不覚から覚に入って、また覚から不覚に出ると申しますか。よく向上・向下などと申します。向上門・却《きゃく》来《らい》門——つまり上に向かって登っていく道程と、そこから逆に引き返してくる道程——とも。また掃蕩門・建立《こんりゅう》門などともいいます。つまりきれいさっぱりいっさいを掃蕩し、無一物の境地に入ったうえで、改めて存在界をうち立てていくということです。また、浄土真宗で往相・還相などと申します。だいたいスーフィズムの上昇、下降にあたるとみてまちがいなかろうと思います。いずれの場合も日常的経験的意識から出発して、ついに意識のゼロ・ポイントに達し、そこからまた目覚めてしだいに経験的意識に戻ってくる。

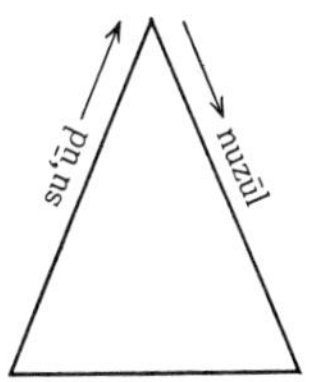

それは神秘主義的意識の典型的な循環運動を意味するとともに、

現象界という形で四方八方に広がっている存在のエネルギーがしだいに収斂して、存在的無に還帰しまして、それからまたしだいに末広がりの形で現象的事物に拡散していくという、存在の自己展開の運動を表わしております。つまり意識と存在のピタリと一致した完全な二重構造であります。

X 哲学的主体性の成立

この上昇の道の最後、われわれのモデルでいいますと三角形の頂点において神秘主義的主体が成立するわけですが、この主体はそこですぐ哲学的思惟を始めるわけにはまいりません。なぜかといいますと、この三角形の頂点とは、要するに「神的われ」そのものの境地でありまして、人間の側から申しますと、人間的「われ」の完全に消えた無意識の状態なのであります。ですから下降の道をとってだんだん降りてくる、つまり人間意識がしだいに戻ってくる、ここではじめて神秘主義的主体は哲学しはじめることができるのであります。

では、どこで、どの地点でそれができるのか。その観点からスーフィズムは、この三角形の下降過程を大ざっぱにいって三つの領域に分けて考えます。次ページの図に見られますように、三角形が三つの領域に分かれております。いちばん上の領域はいま申しましたように純粋無の領域、つまり完全な無意識の領域でありまして、ここにはイマージュ一つなく、まして概念などあろうはずがございません。道の奥義をきわめた神秘家は、あとから反省しましてこの領域について思索し、この領域について語ることはできますが、この領域そのもののなかから思索しだすことはできません。すなわちここはコギトのはたらく場所ではなくて、むしろコギトの消滅する場所であります。

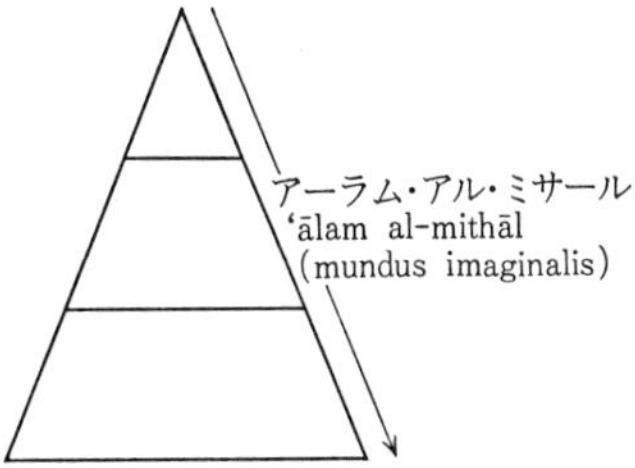

それでは第二の領域、上と下との中間地帯はどうかと申しますと、これはイスラーム的に申しますと根源的イマージュの世界であります。ここはあらゆるアーキタイプ(元型)の棲息する幽暗の国、スーフィズムの術語でいわゆるアーラム・アル・ミサール('ālam al-mithāl)——ミサールというのは元型すなわちアーキタイプ、あるいはアーキタイプから生起する根源的イマージュということ、アーラムとは世界ということです。すなわちアーラム・アル・ミサールとは「根源的イマージュの世界」ということです。これをラテン語訳して mundus imaginalis な

どといって近ごろ使われております。これは故アンリ・コルバン教授が imagination créatrice（「創造的想像力」）――日本語の音だけ聞くとちょっと駄洒落みたいになりますが――と呼んでふつうの想像力と区別したものの本来的領域であります。簡単にいえば、何もないところに幻想的な形象を生み出していく根拠のない想像力ではなくて、とくに存在論的根拠のある想像力という意味です。そしてそういう特殊な想像力によって生み出される「根源的イマージュの世界」とは、要するに神話的・深層意識的なアーキタイプの世界、そしてアーキタイプが吐き出すイマージュの世界であります。

イスラームの神秘主義系統の哲学では「根源的イマージュの世界」を特に一つの独立した存在領域として立てます。そして預言者の霊感、いわゆる啓示（revelation）はここから直接に発出してくると考えます。言い換えますと、預言者の超自然的意識に現われてくるイマージュ、すなわち啓示はすべて「創造的想像力」の所産であると考えるのであります。こういう考え方の線を延ばして、もう少し視野を広くして見れば、すべての宗教的形象の起ってくる源泉がここにあるとも言えると思います。とにかく、ここは本来的には預言者的主体の成立の場所であって、哲学的な「われ思う」の場所ではありません。

とすれば、哲学者に残された場所はただ一つ、いちばん下の経験的あるいは現象的多者界ということになります。すなわち神秘主義的主体は絶対的一者を象徴する三角形の頂点からはるばる降りてきまして、底辺とそのあたりに広がる存在的多者の領域ではじめてコギトを宣言することができます。スーフィーはこの地点まで降りてきて、哲学的コギトを宣言し、ひるがえって底辺から頂点まで続く全存在界を理性的に顧みます。そうするとこの道程のすべてをはじめから終りまで、上昇と下降の両過程を通じて体験的に知っている彼の目に、全存在界は一つの特殊な構造をもったものとして現われてくるのであります。

XI　存在世界の段階的構造

存在界の構造は、神秘主義的見地に立って見るかぎり、根本的にはいつ、どこでも同じであるかもしれませんが、その内面的な組立てにいたっては文化伝統によっていろいろ違うのが当然ですし、また同一の伝統内部でも個々の思想家ごとに著しい違いを示します。そしてこの違いは、存在モデルとしての三角形の頂点に何を置くか、つまり存在のゼロ・ポイント、すなわち全存在界の窮極の始点《アルケー》であり、また同時に終点でもあるものをどのようなものとして直観し、体験し、理解し、理論的に措定するかによって、第一次的には決定されるのであります。

存在モデルとしての三角形の頂点を、前にも申しましたことですが、老荘のように「道」とすることもできます。あるいは「空」とすることもできます。「無」とすることもできます。さっき申しましたように、スフラワルディーは「光」といたしました。そうすると三角形の頂点は絶対純粋な光、「光の光」となります。この「光の光」がだんだん根源的な純粋性を失って、つまりしだいにそれに闇が混じまして、ついにすべてが完全な闇のなかに消え失せる。光の消えることがすなわち現象的事物の現われであります。したがってスフラワルディーの照明学的象徴体系では、闇は物質性、感覚性を意味します。光と闇の相克、完全な古代のゾロアスター的二元論のイスラーム化であります。

これに対してイブン・アラビーは、三角形の頂点に、さっき申しましたように「存在」、純粋な存在、つまり絶対不可視状態(ghaib)における存在をおきます。ということは、三角形の全体を生命的エネルギーとしての「存在」の自己展開の有機的体系とみることであります。この頂点をイブン・アラビーは術語的に、絶対的一者(aḥad)と呼びます。この図に示されておりますように、三角形の頂点がアハドです。アハドとはアラビア語で一という こと。しかし、イブン・アラビーの考えでは、これは数の一ではなくて、むしろゼロであります。これが先刻から何べんも申しました存在のゼロ・ポイントであります。ロラン・バルト(Roland Barthes)の言い方を借りて、「存在の零度」(le degré zéro de l'existence)といってもいいかもしれません。しかし、もちろん零度といっても、バルトの場合は対立し拮抗する力の両極の中間に、それら両極の壊滅を契機として成立する中性的状態のようなものを考えるのですから、すべての対立項を超えたところに超越的に成立するゼロ・ポイントとしての「存在零度」とは全く意味が違いますので、ただ言葉を借りるだけのことです。

とにかく、ここでいう存在零度、存在のゼロ、零度の存在性とは形而上的な意味での絶対の無です。しかし、絶対の無ではあるが、そこからいっさいの存在者が出てくる究極の源としては絶対の有であります。ちょうど大乗仏教で申します真空が妙有《みょうう》に切りかわるところ、あるいは中国の宋代の易学で周濂渓《しゅうれんけい》が立てました無極—太極の区別の朱子的な解釈において無極即太極とされたところなどに該当すると考えてよろしいかと思います。

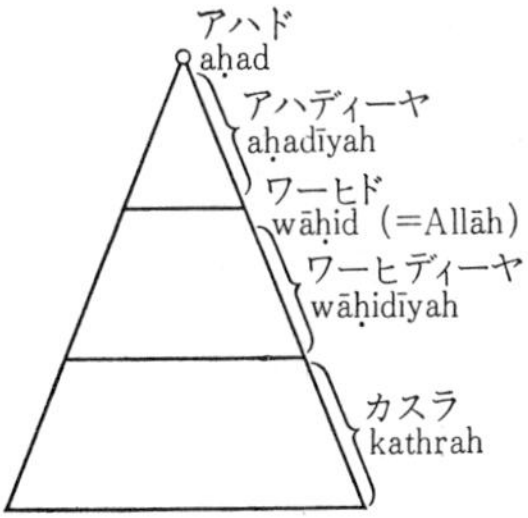

そしてこのように無的側面と有的側面を合わせながら、しかも、それ自体はあくまで絶対無である、このアハド＝絶対

一者を頂点としてそこに広がる形而上的領域を存在のアハディーヤ(aḥadiyah)の領域、つまり絶対一者性の領域と呼びます。この図では三角形のいちばん上の小さな三角形によってその領域が表わされております。ヴェーダーンタ哲学的に言いますと、まさしくこれは「無相の梵」(nirguṇa-Brahman)にあたるものでありまして、文字どおり絶対的一者の世界、「廓然無聖《かくねんむしょう》」の領域です。何の区別もない、一物の影もない、また、ものに対してものを向う側に見る自分もない世界であります。

しかし、ただ何物もないというだけではなくて、いま申しました真空即妙有《みょうう》の原理によりまして、この絶対的一者は自らのうちに現象的存在の次元で自らを顕わそうとする強力な根源的傾向があります。この存在的衝迫とでもいうべきものに言及した有名な「ハディース」(ḥadith)があります。「ハディース」とは預言者ムハンマド(俗にいうマホメット)の言行を断片的に記録したものでありまして、宗教的には聖典コーランと並ぶ絶対的権威とされるものであります。いまここに引用する「ハディース」は、神自身が第一人称で語る形になっております。

神がこう言います。「私は隠れた宝物であった。」であったという過去形、あるいは完了形は、時間には無始の、つまりどこまで遡って行ってもついに始点に到達することのない過去において、ということ。そしてまた、同時に存在の形而上的次元においては、現在でもなお、つまり永遠不変、無時間的にという意味を含んでおります。「私は隠れた宝物であった。突然私のなかにそういう自分を知られたいという欲求が起った。知られんがために私は世界を創造した。」

これが神秘家たちの好んで引用する有名な「ハディース」です。つまり自分の姿をそこに映して眺めるために、神が鏡として世界を創ったということであります。仏教的に申すならば、忽然として真如のうちに無明の風が吹き起る、といったところです。またヴェーダーンタならば、絶対無差別、不変不動の真実在ブラフマンが、まぼろしのような現象界、生々流転の存在世界として現われてくる、その原因となる盲目的・宇宙的力＝マーヤが働き出すということであります。一者そのものに内在するこの本源的な存在的衝迫をイブン・アラビーはナファス・ラフマーニー(nafas Raḥmānī)、「(神の)慈愛の息吹き」と申します。この表現で、ナファスというのは「息吹き」、「息」です。ラフマーニーというのは「慈愛あまねき神の」という形容詞であります。「慈愛の息吹き。」ただし、この本源的な存在的衝迫、つまり真空を妙有に転換させる「慈愛の息吹き」は、いまわれわれが問題にしている最高の形而上的領域、アハディーヤ(aḥadīyah)つまり三角形のいちばん頂点の小さな三角形の内部では、その影さえ見えないのでありまして、これが実際に発動して現われるのは、アハディーヤよりも下の領域であります。

この「神の慈愛の息吹き」が、まず最初に発現してくるところ、つまりいちばん上のアハディーヤの小さな三角形の底辺の線にあたるところ、これをワーヒド(wāḥid)と申します。小さな三角形の底辺の線そのものがワーヒドであります。そしてその下に広がる中間地帯をワーヒディーヤ(wāḥidiyah)、ワーヒドの領域と申します。すなわち一つ上のアハディーヤの三角形の底辺は、アハディーヤの領域の終るところであると同時に、そのつぎのワーヒディーヤの領域の始まるところ、つまりアハディーヤとワーヒディーヤの二つの転換点を表わします。そこにワーヒドがきます。

ところで、ワーヒドというのはアラビア語では一ということであります。その上のアハドもまた一ということであります。ですが、神秘哲学の術語としてはアハドはいっさいの数の系列を超えた一、つまりゼロでありまして、ワーヒドのほうは純然たる数としての一です。アハドを「絶対一者」と訳すとしますと、ワーヒドのほうは「統合的一者」とでもしたらよろしいかと思います。したがってアハドの存在領域、アハディーヤは絶対一者の領域であるのに対して、その下のワーヒドの存在領域、ワーヒディーヤは一者の存在領域ということになります。

イブン・アラビーの理解する形においては、ワーヒドは依然として一者でありますけれども、それはアハドのような絶対超越的一者ではなくて、つまりまったくの白紙ではなくて、外的にはまだ依然として白紙ですけれども、内的にはもう白紙ではないような一者、言い換えますと、内部構造としてすべての数を可能的に含んだ一であります。つまり多者を統一する総合的な一者であります。そしてイブン・アラビーの哲学体験においてはこの総合的一者＝ワーヒドが、まさに伝統的、宗教的言葉で申しますと「アッラー」にあたるのであります。

すなわち絶対無限定、無分節、存在零度のアハドが、この段階ではじめて「神」という形に自己限定して現われるというわけであります。ご承知のように一般のイスラームではこんなことは絶対にいえないのでありまして、一般のイスラームではアッラーというのは絶対者そのものの絶対的名称でありまして、これより上のものなど考えられないのですが、イブン・アラビーの哲学では、アッラーというのは絶対者の究極的な境地ではなくて、それより一段上に、あるいは一段奥にといいますか、神以前の状態、神とすら呼べないような状態がある。絶対者そのものはその究極の一において、老子の場合のように「無名」、名のないものでありまして、これをかりに便宜上アハド＝「絶対一者」という言葉で指示するだけのことであります。

ちょうど老子が本当は絶対の無名なのだけれども、それについて何かいわなければならないので、自分は仕方なく仮りに「道」と呼んでおくのだといっているのとまったく同じ状況であります、ですから「一者」、すなわちアッラー、神とは本来無名、つまり名前のない何とも名づけようのないものが、いわばその最高の形而上的段階から一段降りてきて、現象的存在に一歩近づいて名前を得た状態を表わします。そしてこのワーヒド、つまり神の内部構造を存在論的に領域化して考えたものをワーヒディーヤと呼ぶのであります。

神学的、宗教的に申しますと、このワーヒディーヤは神の自意識の世界ということになります。神の自意識は外面的には何の区別もありませんけれども、内面的にはすでにさまざまに分かれております。別の言い方をしますと、存在はこの段階において潜在的に分節されております。この潜在的な分節が、もう一段下の存在領域、すなわちカスラ(kathrah)——カスラというのは「多数」ということですが——多者の世界、多者の次元で現実的に現われてくる、それがいわゆる宗教でいう神の世界の創造ということであります。ですからこのワーヒディーヤの領域そのものは、外面的にはまだ完全な一者であります。つまり外目には完全な一ではあるけれども、それがもう一歩進んで具体的に展開したならば、どんな形をとって現象してくるかという内部分節的構造が、いわばすでにそこでは先取りされている。ここにいたってわれわれはまさにヴェーダーンタのサグナ・ブラフマン(saguṇa-Brahman)=「有相の梵」、つまりいろいろな名称や属性によってすでに限定されて現われたブラフマンの領域に踏み込んだわけであります。その根源的本然の姿においてはまったく無形、無相で流動的な存在エネルギーが、ここにいくつかの結晶点を見出したともいえるでありましょう。これらの結晶点はまだ現実に存在する事物ではありません。事物の目に見えない元型=アーキタイプであります。神学的に申しますと、神の意識のなかだけに成立しているいろいろなものであります。

イブン・アラビーはこの存在元型、あるいは神の意識の内的分節を存在論的にアーヤーン・サービタ(aʻyān thābitah)すなわち「有無中道の実在」と呼びます。サービタというのは形容詞。もともとイスラーム神学の術語でありまして、有と無の中間状態ということです。つまり有でもなく(ということは、まだ現象的有でもなくということ)さりとて全くの無でもない。つまりその中間を意味します。そしてアーヤーンとはリアリティーとか、実在とかいう意味の言葉の複数形ですから、アーヤーン・サービタというと、有と無の中間的状態における実在ということになります。

ここで注意に値することは、イブン・アラビーがこれらの有無中道の実在をなにか固定した永遠不動のイデアのようなものとしては考えないで、限りなく柔軟で流動性をもった存在の鋳型として表象していることであります。これらの柔軟な鋳型はたえず微妙に動き、発展して事物の根源的イマージュを生み出していきます。そしてその根源的、元型的なイマージュを通じて、絶対的実在そのものが、あるいは神そのものがといってもいいかもしれませんが、具体的な事物、事象としてわれわれの経験界に現われてくる。この元型的イマージュが、前に申しましたように、もし具体的事物となる前に、そのまま直接に預言者の意識のなかにヴィジョンとなって現われますと、それは「啓示」という現象になります。しかし存在論的には、それらは存在の無から有への切り換えの場として働きます。つまり有無中道の実在という鋳型を通じて、「存在」と呼ばれる永遠不滅の創造的エネルギーが、われわれの経験的、現象的世界として実現すると考えるのであります。

こうして神秘主義的実在体験にもとづくイブン・アラビーの形而上学的ヴィジョンにお

いては、いっさいが存在零度から始まって、しだいに自己限定、自己分節を重ねながら、現象的多者の成立に至る、無から有へのダイナミックなプロセスとして形象化されます。これはまたイスラーム信仰者としてのイブン・アラビーの宗教的表象においては、絶対不可知の神が、つまり自らをまったく見せない「隠れた神」Deus absconditus がしだいに自らを開顕して「現われた神」Deus revelatus となるプロセスでもあります。この見地から彼は存在の無から有への展開の過程をタジャッリー(tajallī)、つまり神の「自己顕現」と呼びます。タジャッリーというのは自己顕現ということ。これはイブン・アラビー以後のイスラーム哲学において非常に大きな働きをする概念であります。

このようにして、イブン・アラビーの形而上学的ヴィジョンにおいては、われわれの世界はゼロ・ポイントにおける存在、つまり存在零度の絶対無限定者が、「有無中道の実在」と称する根源的アーキタイプの柔軟に変転する鋳型を通って、つまりイスラーム的にいいますと神の意識の内部分節を通過することによって、つぎつぎに自己限定を重ねながら、あたかも大海の岸辺に打ち寄せる波のようにつぎからつぎに、一瞬ごとに新しく立ち現われてくるダイナミックな存在の自己顕現、タジャッリーの絶えることのない永遠の過程として理解されるのであります。始めから終りまで終始一貫して「存在」と呼ばれる宇宙的エネルギーの自己顕現のシステム、それが「存在一性論」という名称で世に知られるイブン・アラビーの神秘主義的哲学であります。

以上、私は大急ぎでイブン・アラビーの存在論のあらましを神秘主義的哲学の一つの典型的な例としてお話いたしました。ほんのあらすじばかり。大事なところをたくさんとばしてしまいましたが、もともと私の今回の意図は、イブン・アラビーの哲学を詳細に体系的にご説明するところにあったのではなく、意識零度、すなわち存在零度の局所に成立した神秘主義的主体が、ひるがえってなまの体験から一歩退いて、哲学的主体となる、その神秘主義的体験から哲学的思惟への切り換えがどんなところに成立するのか、どのようにして成立するのかということをお話するところにあったのでありまして、今回はこのぐらいでとどめておくことにいたしたいと思います。ありがとうございました。

第二部　存在顕現の形而上学

I　序

かつて岡倉覚三(天心)は、「亜細亜は一なり」と断言しました。インド・中国ばかりでなく、亜アジアの古代文化圏やアラビア・ペルシア(イラン)の、世にいわゆるサラセン文化圏まで考えに入れて、そこに「地理的断片の聚積ではなく」、「単一なる複合の生命を息づいている有機的統一体」を見た天心の雄志には敬意を表するに吝《やぶさ》かでありませんけれど、事は一体そんなに簡単なのでしょうか。いま話を哲学だけに限ってみましても、こういう広い意味に解された「東洋」の哲学には、正直なところ、有機的とまでいい切れるほどの統一性はちょっと見当りません。

しかしまた他面、いろいろな時点、いろいろな場所で起った複雑な影響関係の歴史的結び付きを別にしても、東洋の各地に古来生まれ育った哲学的思惟の主要な伝統の間には、相互になんとなく通じ合うところがある、それもまた事実であります。つまり、一見、一つに纏めようもないほど錯綜する東洋哲学のさまざまな伝統的形態を通じて、その底に生きて働いている幾つかの根源的理念の共通した流れがある。それを手がかりにして、われわれは、有機的統一性とまではいえないにしても、少なくとも全体を貫通する何本かの基本的構造線を引くことができるのではないか。そしてもしそれができるなら、さらにその先に、有機的構造をもった新しい東洋哲学を、一種の東洋的メタ哲学、つまり次元を一つ引き上げた東洋哲学、として作り出すことも、可能になってくるのではないか、と考えます。

もっとも、このへんまでくると、いまのところまったくの哲学的夢想になってしまいますが、ここではもう少し現実的な地点に止まって、以下私は、イスラーム哲学の一面をそれの具体的な形として、いま申しましたような基本的構造線の一つを東洋哲学の表面に引いてみたいと思います。

長い歴史、広い地域に拡がる東洋哲学の中で、私がいまこれから実際にお話しようとしておりますのは、歴史的にも地域的にもごく限られたもの、つまりイスラーム哲学——それも西暦十三世紀から十七世紀頃までのイランにおけるそれ——の発展形態という一つの特殊な具体的ケースであります。要するにイスラーム哲学の提供する一つの問題点を取り扱うだけです。ただその問題点を、たんにイスラーム哲学の実証的研究というのでなしに、将来に向かって意図された――夢想された、といったほうがいいかも知れませんが――新しい有機的構造体としての東洋哲学の機構の一部として生かせるような形で見ていきたいと思います。もっともどの程度成功するか、すこぶる心許ない次第ですけれど。

さてイスラームはその長い歴史の過程で、多数の傑出した哲学と、さまざまに異る哲学的学派あるいは潮流を生み出しました。ここで私が取り上げようとしているものは、その中で、スペインのアラブ哲学者イブン・アラビーに淵源する「存在一性論」(waḥdat al-wujūd)学派の思想であります。イブン・アラビーはギリシア哲学の伝統に通暁した哲学者であるとともに、それにもまして神秘道の達人としてスーフィズムの歴史に不朽の名を残した桁はずれに規模の大きい思想家ですが、この魁偉《かいい》な人物が、己れの実在体験の深みと、その体験の主体としての脱自的深層意識と、そしてそこから湧き上ってくる思念とを書き残した数千ページに及ぶ書物は、思惟の流れに纏綿する奇怪な幻想的形象と、アラビア語文法の常識では理解できない難渋な表現形態のゆえに、普通の読者の接近を峻拒する、その意味で完全に俗人にたいして閉ざされた世界でありました。茫洋として捕捉しがたいこのイブン・アラビーの世界に理性的な筋道をつけ、整然たる思想構造にまで仕上げたのが、門下随一のサドルッ・ディーン・クーナウィー(Ṣadr al-Dīn al-Qūnawī, 歿年 1273)であります。この人は、その名の示すとおり、もと小アジア、現在トルコのコニアの人——ですから彼の名はコニアウィー(Qonyawī)とも読みます——、イブン・アラビーがスペインを去ってイスラーム世界の東方に移る旅の途次、コニアを訪れたのを機に入門し、そのまま師の教えの秘儀に入ることを許されて高弟中の高弟となり、師がシリアのダマスカスで死去した後は名実ともにイブン・アラビー派の最高権威となりました。

クーナウィーは自ら偉大な神秘家として、実践的体験的に道の蘊奥《うんのう》を極めた巨匠でありましたが、それと同時に強靭な論理的思考のできる哲学者でもありました。この人の努力によって、イブン・アラビーの秘教的教説は完全に一つの形而上学的構造を与えられ、少なくともその純形而上学的側面においては、およそ哲学的にものを考えることのできるほどの人にとっては、もはや閉ざされた世界ではなくなったのであります。そのような形で構造化されたイブン・アラビーの思想をイスラーム哲学史上「存在一性論」と申します。その後、この存在一性論は、テクスト解釈上の見解の違いによって、多くの流派に分岐し、そのあるものは互いに対立し敵対し合うまでに至りもするのですが、それらが全部クーナウィーから派出する、その意味で、クーナウィーこそ存在一性論学派の始祖であるともいうことができるのであります。

ところでこの存在一性論の根本思想は十三世紀以降のイスラーム哲学史を規定する最も重要な思想潮流の一つでありまして、特にイランにおいてはスフラワルディーの照明学とならんで、思想のあらゆる分野に絶大な影響を与えつつ発展し、ついに十六—十七世紀に至って頂点に達して、モッラー・サドラー (Mollā Ṣadrā, 1571–1640, より正確にはサドルッ・ディーン・シーラージー Ṣadr al-Dīn al-Shīrāzī) の神智学的《テオソフイー》形而上学に結晶する。そればかりでなく、存在一性論は現代のイランでもまだ生きた哲学です。今日イランで、およそ伝統的意味でイスラーム哲学者という呼称に値するほどの人は、ほとんどすべてなんらかの形で存在一性論学派に属しております。この思想パタンの生命力の強さと根深さとを思うべきであります。

II　存在概念と存在リアリティー

イブン・アラビーに始まってモッラー・サドラーにおいて発展の頂点に達する存在一性論の思潮は、この名称の示唆するごとく「存在《ウジュード》」(wujūd)を中心主題として、それをめぐって展開します。しかし「存在」とは要するに、何かがあるということで、それ自体としてはごくありきたりの、日常的な概念です。一体それのどこがそんなに大問題になるのでしょうか。この点についてまず注意しておかなければならないのは、存在一性論者の問題とする存在とは、われわれ自身とか、われわれが自分のまわりに感覚的に見出す個々の事物、つまり具体的な存在者ではなくて、それらすべての存在者を存在者たらしめている存在そのものであるということです。われわれが手で触れたり目で見たりする個々の事物は存在者であって、存在そのものではありません。現にそれらの事物の存在のしかたは浮動的であって、刻一刻変化している。そして遅かれ早かれ無に帰してしまう。存在そのものではないからそんなことになるのです。言い換えると、それらの事物にとって存在はいわば外からの借りものであります。自分自身の本性から発出してくるものではありません。自分自身の本性は存在とは別の何かであって、存在そのものではありません。

たとえば、いまここに一輪の花が咲いているとします。この花が花であること、つまり花の本性は、それ自体としては存在となんの関係もありません。こういう意味に解された花の本性を術語的には「本質《マーヒーヤ》」(māhiyah)と言います。そしてもし、存在とは本来的に関係のない本質としての花が、それでも事実上いまここに存在しているとすれば、それは存在的エネルギーがどこか外から本質にたまたま生起してきた('urūḍ)からである、とこういうふうに考えるのです。ですから、このような考え方によれば、存在とは本質にとって、ある不思議な偶成的な出来事なのです。では一体、存在はどこから生起してきて本質に宿り、本質を存在者に変貌させるのでしょうか。存在一性論者たちの存在論は存在についてのこの根源的問いから始まります。

　しかし先に進む前に、もう一つだけぜひここで指摘しておきたいことがあります。それは、存在といっても、ここでは存在の概念が問題なのではなくて、存在というリアリティーが問題なのだということです。もちろん、概念としての存在、つまり存在概念も、後のスコラ哲学の歴史の上では、イスラームにおいても、またイスラームの問題提起を継承した西洋の中世哲学でも、本質と存在の概念的思考の次元での関係という形で大いに問題になっていきますが、イスラームの存在一性論学派が第一義的に関心を寄せたのは、概念ではなくてリアリティーとしての存在です。そしてこのリアリティーとしての存在なるものを、一切の概念的・理性的把握を峻拒する一種の超越的実在性、宇宙に遍在してあらゆるものを存在者たらしめる永遠不断の創造的エネルギーとして措定し、これは理性的思惟の把握を本来的に超えるものであって、ただ多年にわたる修行の結果、実存の深みに開かれる意識の深層の認識能力によってのみ把握されるものと考えるのであります。ですから、こういう意味での存在リアリティーとは、いわば形而上学的体験のうちにおのずから顕現してくる宇宙的生成力あるいはそれの根源なのでありまして、この点では『易経』の純陽の第一卦「乾《けん》」に附された彖《たん》伝に「大なる哉、乾元、万物資《と》りて始む。乃ち天を統《す》ぶ。雲行き雨施して、品物形を流《し》く」と言われているところと大体一致します。

このように申しますと、全体がなんとなく宗教的色彩を帯びてまいりますし、ましてやイスラームとしては——元来、人格的絶対一神教としてのイスラームの内部に発生した哲学であってみればむしろ当然のことですが——いま説明しました存在リアリティーを神の形象と一致させて、存在＝神といたしますので、ますます宗教的になりますが、哲学者たちは純哲学の立場から、存在リアリティーに関わる事態をもっと論理的な形で展開します。それは、リアリティーとしての存在を、存在命題(「Xが存在する」「Xがある」)の述語の位置に置かないで、主語の位置に据えかえようとする思考法として現われます。以下、その点を少しく説明し、そこから存在一性論の立場の分析に入っていくことにいたしましょう。

III　アヴィセンナの存在偶有説

哲学史的に考えますと、存在を存在命題の絶対的主語の位置に据えかえなければならないという、存在リアリティーに関わるこの問題提起そのものはイブン・アラビーより約百年ばかり前のアヴィセンナに遡ります。存在が本質にどういう形で「生起する」か、つまりどういう形で結びついてくるかという問題についてアヴィセンナのとった立場は、「存在の偶有性」のテーゼとして世に有名なもので、西洋哲学の中にまで持ちこまれて大変な論議の的になりますので、西洋の中世哲学に親しんでおられる方はご存知だと思いますが、要するに存在は本質の偶有、つまり偶成的な——というのは本質そのものの中から生起してきたものでないという意味ですが——性質であるという、外見上はなぜそんなに大騒ぎされるのかわからないような簡単な主張です。この見たところなんの問題もないような、すこぶる簡単な主張が、まずイスラームの内部では、イブン・アラビーと同じスペイン出身のアラブ哲学者アヴェロイスに批判され、次いで西洋でトマス・アクィナス（Thomas Aquinas, 1225–74）に批判されることになるのであります。どこに一体、問題点があるのか、それが本当にわかると存在一性論の主張しようとしていることもわかってきますので、ここでかいつまんでご説明しておきます。

われわれは普通、日常の会話でも、「Xがある」とか「Xが存在する」とかよく言います。それがさっき申しました存在命題の型なのですが、ごらんのとおりここでは存在が命題の述語の位置にきております。ところで存在がこのように、主語の位置にではなく述語の位置にあるということは、古来の形式論理学の命題構造にたいする理解のしかたからすると、主語Xによって指示されているもの（術語的に「本質」と呼ばれるものの具現した形としての「実体」）にたいして存在が偶有的性質、つまり属性として内属しているということを意味します。これが実体―属性関係の普通の理解のしかたであり、命題の主語―述語関係はそれの論理的ないし言語的反映と考えられるのです。したがって、この考え方でいくと、たとえば「花がある（存在する）」という場合の「存在」は、ちょうど「花は白い」などという場合の「白さ」とまったく同列に並ぶ花の属性ということになる。花は本性上白くある必然性は少しもないが、いまここではたまたま白くある。それと同じように花は本性上存在するとは限らないのだけれども、いまここではたまたま存在している。つまり存在は白さと同じく花(実体)に宿る属性であるということです。

大体これが哲学史上有名なアヴィセンナの存在偶有説の要旨ですが、はたしてアヴィセンナは存在をこんなふうに考えたのかどうか。この点については彼自身の表現がやや曖昧なのできっぱり断定はできません。しかしアヴェロイスはアヴィセンナの意見はこのとおりだったと考えました。トマス・アクィナスもそう考えました。そしてこのような理解の上に立って二人はアヴィセンナを烈しく論難しました。

もちろん、彼らの批判には彼らなりの論拠がありました。なぜなら、もし本当にアヴィセンナがこんなふうに考えたのであるとすれば、存在という性質がまだ偶成してこない以前の状態において、本質は存在論的にどんな状態にあると考えたらいいのか。およそ、ある実体にある性質が偶成するためには、もともとその実体が実際に存在していなければなりません。花という実体が存在していて、その上ではじめてそれが白くあったり、赤くあったりできる。この場合、すでに存在している実体を、そこに偶成してくる属性にたいして「基体」と呼びます。はじめから存在もしていないもの(たとえば実在していない花)が、何か他の実在しているもの(たとえば白さという実在的属性)を自分の中に受けいれてそれの基体となることはできない。

実は、実体と偶有との関係についてのこういう考え方そのものにもいろいろ問題があるのですが、今日これからお話しようと思っていることとは直接関係ありませんので、その議論にはここでは入らないことにいたします。とにかく問題なのは、アヴィセンナが本当に存在を、実在的《リアル》に白さとか硬さなどと同列の偶有と考えていたのかという点です。モッラー・サドラーをはじめとして、連綿と現代まで続くイランのイスラーム哲学の代表的思想家たちはこぞってこれを否定します。たとえば現代イランの伝統的イスラーム哲学の大立者で、故アンリ・コルバン教授に「モッラー・サドラーの再来」とまで讃えられた、メシュハド大学教授アーシュティアーニー師は次のようにいっております。

アヴィセンナが「存在の偶有性」をうんぬんする時、彼は命題的思惟の次元でものをいっているのである。なるほど、「Xが存在する」という存在命題のパタンにおいては、論理的主語Xにたいする形式的述語として作用する「存在」は白さや赤さなどとまったく同資格でXの属性である。だが、それはあくまで命題の論理的機構によって作り出される思考の世界に移された事物の構造に関わる事柄であって、論理的あるいは言語的思惟の外で、実在的に存在が実体の偶有だというのではない。実在界における存在はこれとはまったく違った構造をもつ。思考の世界の中では存在は概念的普遍者であって、他の一切の概念的普遍者と同列に並ぶものであり、概念的普遍者としての資格においては、それが存在命題の述語として働く場合、たしかに主語の属性ないし偶有をあらわすけれども、われわれがひとたび思考の世界から実在界に立ち出てみれば、事情はがらりと変ってしまう。そこでは存在は唯一絶対の形而上的普遍者であって、他の何ものの属性でもなく、むしろ逆に他のあらゆるものがそれの様態、それの属性として現われてくるのだ、と。

後ですぐおわかりになると思いますが、アーシュティアーニー教授のこの主張は、モッラー・サドラーによるアヴィセンナ解釈にもとづくものでありまして、実はそれ自体、今からご説明しようとしております存在一性論の立場を踏まえての発言であります。事実アヴィセンナ自身が、こういうことをはっきり意識しながら彼の存在偶有論を立てたのかどうか、さきに申しましたように、彼の表現が不充分で曖昧なので断定できません。ただアヴィセンナは晩年の著書の一つの中で、存在は偶有ではあるけれども、白さとか赤さとかいうような普通の偶有とは根本的に違うきわめて特殊な偶有だ、なぜなら普通の偶有はものが存在していてはじめてそれに生起してくるのに反して、存在という偶有だけは、それが生起することによってはじめてものが存在者になるのだから、と明言しておりますので、彼が偶有としての存在を他のあらゆる偶有から截然《せつぜん》と区別して特別扱いしていたことだけは確かであります。しかしこのような区別を立てただけでは、まだ問題は解決されません。当然、この問題の追求は、彼に続く後代の哲学者たちの課題として残されることになりました。

Ⅳ　形而上的実在としての存在

前節で略述した存在に関する難問《アポリア》をどう解決するか。この課題を負わされた哲学者たちは、それの解決のために、大体二つの方向に分れて進み、この二つの方向は、特にイランの思想界では著しく尖鋭な形で対立して現在にまで至ります。その一方はスフラワルディーの創始した照明学派、もう一方はイブン・アラビー系の存在一性論者たち。

スフラワルディーは、存在はただ概念だけであると断定することで、この問題を彼なりに最も簡単明瞭な形で解決してしまいました。そう考えることがもし正しいのであるなら、存在の実在性についてのさまざまな議論や論争はことごとく無意味だということになってしまうからです。

スフラワルディーはこう申します。多くの哲学者たちは存在、存在と、あたかも存在なるものがわれわれの意識の外に客観的に実在するかのごとく語っているが、実は「存在」という言葉によって指示される特定のものないしことが意識の外にあるわけではない。概念としての存在はたしかにわれわれの頭の中に実在する。論理的思惟にとっては、それはきわめて有効な道具である。だが、われわれの頭の外、いわゆる外界にはそれに対応するものはない。外界に実在するのは「本質」だけである。本質、たとえば花なら花の本質がわれわれの目の前に現象している、それをわれわれが花の意識として意識している。この「Xの意識」としての主体的様相を、われわれはXの存在と呼び、それを存在として概念化し、あたかも外界にそういう事態が成立しているかのように思いこむのである、と。

要するに存在概念は認めるが存在リアリティーは認めないというのがスフラワルディーの立場であります。これに対立して存在一性論者たちは、存在概念とともに存在リアリティーを認めます。いや、彼らによれば、概念としての存在は存在リアリティーの薄ぼけた影のような映像であって、存在リアリティーこそ真実在であるという。ですから「Xが存在する」というような形での存在は本当の意味での存在ではない。そうではなくてむしろ、命題的形態としては、「存在がXである」あるいは「存在がXする」というのが事の真相に近い表現である。つまり、この現実の世界のいかなるところで、いかなることが起り、いかなるものが現前しようが、常に必ずそれは存在がXする、存在がXである、のでありまして、どんな場合でも「存在」が主語なのであります。別の言葉で申しますと、ここでは存在が形而上的普遍者として措定されており、存在が他のすべてを述語とする絶対的主語でなければならないとされるのです。

　このような考え方が、われわれの常識的なものの見方とは根本的に違っている——あるいはむしろ正反対である——ことは一見して明らかでありましょう。たとえば普通の見方ですと、花とか木とか人とか机とか、すべて名詞で表わされているものが文法的に主語になり、それが存在するというふうに、存在が主語に当るもの(実体)を形容し述語的に限定するわけですが、存在一性論的に申しますと、花とか人とかいうものは、実は自立した実体として本当にそこにあるのではなくて、本当にあるのは宇宙に遍在する形而上的実在としての存在だけであり、この形而上的リアリティーが、場合場合で、花として自己限定して現われたり、木として自己限定して現われたりする。つまり花や木は普通の文法では名詞ですけれど、存在一性論者の哲学的文法学では形容詞なのであります。すべてが形容詞として述語的に働いて、唯一の主語である存在をさまざまに限定し、さまざまな特殊形態に、いわば歪めて提示するということになるのであります。

V　意識の変貌

「Xが存在する」という存在命題によって指示される事態の真相はおよそ以上のごときものであるというのが存在一性論者の主張でありますが、存在界のこのような深層風景は普通の人の普通の目には全然見えません。それが見えてくるようになるためには、それを見る人間主体の側で、ある根本的な変貌が起らなければならない。意識の構造自体が変り、普通とは違った認識能力が働き出さなければならないのです。あるいは、意識の形而上的深層が拓かれてはじめて、存在世界の形而上的深層が見えてくる、と言ったらいいかも知れません。この時点においてイスラーム哲学は神秘主義に接近し、神秘主義と一体化し、神秘主義的実在体験にもとづいた形而上学に転身します。そしてこの転身をなしとげたのがイブン・アラビーとその同時代のスフラワルディーとの二人であります。十三世紀以降のイスラーム哲学が、それまでの初期の哲学と著しく異なった様相を示しはじめるのはそのためです。

ではこの場合、意識はどんなふうに変貌するのか。また変貌した意識の形而上的深層に現われてくる存在の形而上的深層とは一体どんなものなのでしょうか。

普通の日常的意識——それを深層意識にたいして表層意識と呼ぶことができると思いますが——で起る認識を第一に特徴付けるものは、主客の分裂と対峙《たいじ》ということです。私がものを見る。私は認識の主体として、私に対して意識の外にある対象を客体として認識する。この主客の分裂・対立が表層意識の特徴であります。そして第二の特徴として、客体的事物は、それぞれが「本質」と呼ばれる存在論的中核をもち、その核のまわりに固く結晶して自立するものとして現われるということ。客体として存立する事物のこのあり方を、例のアリストテレス的論理学の同一律が規定してこう申します。曰く、AはAなり、と。花はどこまでも花、石はどこまでも石。花には花の本質というものがあり、石には石の本質というものがあって、それぞれ別の、独立した領域を限る。その領域の内部では、本質が具体的にどんなに変った形で現われようとも、花はあくまで花、石はあくまで石であって、花と石との領域を分つ境界線は絶対になくなることもないし越えられることもない。つまり花は絶対に石であることはできない。これが表層的意識の見た客体としての事物の構造です。

しかし、存在一性論の立場から見ますと、表層的意識に映るこのような事物のあり方はたんにそれらの表層的構造にすぎない。意識に表層と深層の区別があるように、事物にも表層構造と深層構造があり、両者は密接な相関関係にある、と考えるのです。すなわち意識の深層機能が働き始めない限り、事物の深層構造は見えてこないというのであります。

意識の深層機能が、存在一性論者にとってどんなものであるかはこれからだんだん説明してまいりたいと思いますが、要するに一番大切なところは、感覚・知覚をもとにしてそのまわりに拡がる日常的実存の中心点としての自我《エゴ》意識が消滅したところに働き出す特殊な認識作用ということです。しかし自我意識が消滅するということは普通の意味での主体がなくなることですから、当然そういう主体に対応し対立する普通の意味での客体もなくなる。つまり同一律が通用しなくなってくるのでありまして、Aは必ずしもAでなくなり、Bは必ずしもBでなくなります。そして、そうなってはじめて、AやBやその他一切の事物の奥底に伏在して、それ自体はAでもBでもなく、しかもあるいはAという形、あるいはBという形で、その都度その都度無限に変貌しながら自己を顕わしている何ものかの幽《ゆう》邃《すい》な姿が仄かに見え始める。この「何ものか」が、さきほどからお話しております形而上的実在としての存在なのであります。

このことをもう少し別の形でいってみますと、大体こんなふうになるかと思います。「Xが存在する」という普通の存在命題を表層意識での発言であるとしますと、もちろんその主語Xの位置にくるのは、表層意識、つまり自我的主体に対立する意味での客体であります。花とか石とか、第一義的には感覚的事物ですが、抽象的なものでもかまいません。とにかく主体が、自分に対立する客体として、客観的対象として立てたものです。ところが表層意識が深層意識に転換すると、存在命題の主語Xの位置に存在そのものが置かれることになる。すなわち「存在が存在する」という同語反復《トートロジー》です。この場合、主語の「存在」は表層意識が客体として捉える個々の存在者ではなくて、それらすべての根底にある形而上的実在としての存在であります。そういう意味で「存在が存在する」と申します。存在が存在するのであって、他の何かが存在するのではない。含意するところは、他の何ものも、本当の意味では、存在しないということ。こうしていわゆる存在界の一切が無に帰して、その無の暗闇の底から形而上的普遍者としての存在《リアリティー》の光が煌々《こうこう》と輝き出てくる。そして今度はその形而上的存在の照り映える光のなかで、いったん無に帰したすべてのものが、あらためてそれぞれのものとして存在的に甦ってくる。深層意識現成の、これが大体の筋道ですが、これを自分で実際に体験的に知るということになりますと、筋書きを口先で述べるように簡単にはまいりません。表層意識の中心点として、それを存立させている自我《エゴ》を消すこと自体が実は大変な仕事だからです。感覚的あるいは現象的事物を主語にして「Xが存在する」ということは誰にでもできますが、さっき述べたような意味で「存在が存在する」とは、よほどの達人でないといえないことなのです。

VI 表層意識と深層意識

何かを考える場合に、それを必ず客体化し対象化して考える、これはわれわれの心――これが先ほどからお話ししている表層意識のことですが――に深く根ざした、根強い傾向です。自分とは離れて、自分のいわば向こう側に存立している対象としてしかものを考えることができない。存在についても同じことです。しかし対象化されて考えられた存在は、存在概念であって存在リアリティーではありません。存在リアリティーをリアリティーとして把握するためには「知るもの(主体)と知られるもの(客体)との同化」(ittiḥād al-ʻālim wa-al-maʻlūm)によるほかはない、というのがイスラーム哲学の一般に認められた立場です。

存在を認識主体としての自分の外にある客観的な対象として眺めるのでなしに、自らをそっくり存在リアリティーの流れに投げ入れて、存在そのものの中からおのずから生起してくる存在自覚として内的に把捉する。これがすなわち「知るもの」と「知られるもの」との同化」であり、この同化は「知るもの」すなわち主体の側での主体意識の消滅によってはじめて可能になると考えるのであります。

ところで、いま主体意識と申しました。結局、自我《エゴ》を中核とする表層意識ということですが、神秘主義的体験を基礎とするイスラーム哲学では、表層意識の主体性の根源を「理性」('aql)の識別的判断作用にあるとします。仏教でも vikalpa すなわち「分別」とか「妄分別」とかいって、それが本来何もないところにものの姿を対象として現じ出す心の働きだと考えますが、イスラームもまた人間の表層意識に対象識別の作用を認め、それが本来絶対無分別の形而上的存在を無分別のままに見ることを妨げる心の障礙と考えるのです。

西暦十四世紀のイランの哲学者ハイダル・アームリー Ḥaydar Āmulī——この人はシーア派最高の哲学者のひとりと称され、存在一性論の代表的思想家ですが——がこの点についてこういっております。人がもし、そのひ弱い理性と脆い思考を通じて存在(のリアリティー)に近づこうとすれば、生来の盲目と混迷とはただ増大するばかりだ、と(Risālah Naqd al-Nuqūd, Tehran 1969, p. 625)。表層意識だけでものを見ている人を、ハイダル・アームリーは杖を手にしてそれに頼らなくては道を歩くことのできない盲人に譬える。盲人の歩行を助ける杖は理性の象徴です。だが奇妙なことは、盲人が頼りにするこの杖こそ、ほかならぬ彼の盲目の原因なのだと申します。モーセは手にしていた杖を思い切って投げ棄てたとき、はじめて目から鱗《うろこ》が落ちて、現象的事物の彼方に神の燦然《さんぜん》たる美を見た、と。

また十三世紀から十四世紀にかけての最も傑出した神秘家であり哲学者でもあったマハムード・シャバスタリー(Maḥmūd Shabastarī, 歿年 1317)は、世に有名な『玄秘の花園』(Gulshan-e Rāz)というペルシア語の哲学詩のなかで、

棄てよ、理性のさかしらを。
　常に実在に融化してあれ。
ひ弱なる蝙蝠の目に、燦爛《さんらん》たる
　太陽を見詰める力はないものを。

と歌い、ムハンマド・ラーヒージー(Muḥammad Gīlānī Lāhījī)は、これまた有名なこの哲

学詩の註解(Sharḥ-e Gulshan-e Rāz, Mafātīḥ al-I'jāz)のなかでこの詩句を次のように解説しております。

赫々《かくかく》たる太陽にも比すべき実在、すなわち存在の形而上的リアリティーを、光に堪えぬ蝙蝠の目にも比すべき理性によって直視しようとする人間の愚かさ。はるか遠くから眺めてすら、たちまち理性の目はくらんでしまう。ましてや実在の太陽の聖域にそのまま近づいていけば、闇はいよいよ濃くなりまさって、ついにはすべてが暗黒のなかに沈みこむ。太陽の光は、とラーヒージーはいう、遠くに離れて、しかも直接にそれを見ないからこそ光として見える。近くで見れば、太陽から発出する光は黒い光であり、闇である、と。つまり、一切の有の根源である存在リアリティーは、その絶対的純粋性においては、理性の目にとっては完全な無である、というのであります。だから普通の人間は、形而上的実在の光を光としては見ていない。ちょうどあのプラトンの「洞窟の比喩」にありますように、洞窟の奥で、太陽に背を向けて坐っている人たちが、太陽の存在にすら気づかずに、ただ太陽が壁面に投げかける事物の影を眺めて一生を過ごすようなもの。外界と呼ばれるスクリーンにうつる光の反映を、唯一の実在であると信じこんで、それで満足している、というわけです。

このような状態にある普通の人間が、方向転換して、太陽の光そのものに向かうためには、手にした杖を棄てなければならない。「理性のさかしら」を棄てなければならない。こういうふうにイスラームの思想家たちが理性の悪を強調するのは、理性の特徴をなす識別機能を中心に考えるからでありまして、本当は理性だけでなく、先ほどから繰り返し申しておりますように、表層意識全体をそっくりそのまま深層意識に転換しなければならないということであります。深層意識の目が開けてはじめて存在リアリティーの全貌が、その形而上的根源の絶対無展開の段階から経験的世界での現象的展開の段階まで、あらゆる段階を通じて一望の下に見渡せるようになる。「光」ばかりでなく「闇」もまた存在の一つの特殊な様態として存在界にそれ自身の位置を得るのであります。

こういう見地からハイダル・アームリーは、『あらゆる玄秘の統合点、すべての光の発出点』(Jāmiʻ al-Asrār wa-Manbaʻ al-Anwār)と題する大著のなかで、存在リアリティーを二つに分けて、(一)純粋、絶対的存在、すなわち形而上的純粋な光としての存在、(二)さまざまな度合で翳《かげ》りのついた、暗い存在、とし、真の形而上学者たる者は存在をこれら二つの様態において同時に見ることのできる人でなければならないと言っております。光と影、あるいは光と闇。いかにもイラン人らしい捉え方ですが、ここで彼の言いたいのは、さっきも申しましたが、煌々《こうこう》たる光としての存在だけが存在なのではなく、薄暗い影のような存在もまた存在である、ということなのである。存在ではあるが、ただ存在性の純度を失っているだけだ、と。

薄暗がりのなかに仄かに漂う気配のように生起してくるさまざまなものの姿、それを普通の人間の表層意識はがっちりと客体化し、対象化して、あたかもそれ自体で自存する実体であるかのようにそれと関わり合う。いわゆる感覚的事物というのがそれです。こんなふうに見られた事物は、モッラー・サドラーにいわせれば、「本当は一滴の水もない荒涼たる沙漠の真只中に忽然として浮び上る湖水の幻影」(al-Shawāhid al-Rubūbīyah, Tehran, 1967, p. 448)のようなもの。だが、と存在一性論は附言します、それ自体においては夢幻のようなものたちも、まったく実在性を欠くわけではない。それどころか、形而上的根源との関連においては、それらはまさに存在者である。事実、この観点からすれば、われわれの経験界には何一つとして完全に非実在的なものはないのであります。沙漠を行くカラヴァンの前に現われる蜃気楼《しんきろう》にすら、その現われの源として広い砂の拡がりが実在しているのであって、ただの無から現われてきたものではないという点において、ある程度の実在性はあるとしなければならない。ただし、蜃気楼どころか、それの基盤として経験的次元では完全な実在性をもつ沙漠そのものですら、一段高次の形而上的体験の次元から見れば、すなわち深層意識の目をもって見れば、窮極的存在リアリティーとの関連において、それ自体としては蜃気楼のように実在性の稀薄なものとなるというだけのことであります。

ついでながら、経験的世界すなわち現象界の実在性・非実在性の問題にたいするこのイスラーム的アプローチは、シャンカラのヴェーダーンタ的立場を思わせます。「(経験的)世界は、ブラフマン(梵)の継起する認知のつながりにほかならない」(Brahma-pratyaya-santatir jagat, Vivekacūḍāmani, 521)というシャンカラの言葉、これもまた深層意識の立場からの発言でありますが、この立場から見ると、経験的世界はブラフマン——すなわちイスラーム的に言うと形而上的リアリティーとしての存在——が、われわれの表層的意識の構造の要請にしたがって表層意識に現われてくる、その瞬間瞬間の現われの連続である。われわれは表層意識を通じていわゆる外界にさまざまな事物を見る。しかし本当は——というのは深層意識的経験としては、ということ——その時その時で、またその場その場で違った形に限定されて現われるブラフマンの姿を見ているだけだ、というのであります。ですから経験的世界は文字どおり現象界、ブラフマンが自己を現象している世界なのでありまして、その限りにおいて、決してなんら実在性のない幻想ではない。ちょうど、暗がりのなかで道に投げ棄てられている縄を蛇と見間違えた場合、蛇は本当にそこにはいないけれど、少なくともこの間違った知覚を惹起させた縄が実際に存在している限りにおいては全然実在性がないわけではないのと同じように。ただ現象的世界をそれ自体で独立に存立する窮極的な実在と人が見なす場合にのみ、「世界は妄想である」(Jagan-mithyā)と言われるのであって、たといブラフマンの絶対純粋なありのままの姿ではなく、われわれの表層意識のスクリーンを透過することによって原形とは著しく違った形に変様し歪んではいるが、ブラフマンはどこまでもブラフマンだ、というのであります。

イスラームの存在一性論の立場も、この点ではヴェーダーンタのそれとまったく同じでありまして、現象的世界の事物をそれ自体で見れば幻であり非有だけれども、形而上的存在リアリティーのわれわれの意識にたいする現われとして見れば、それにはそれなりの実在性がある。ただし、ブラフマンあるいは存在リアリティーが「現われる」と申しましても、ブラフマンの場合はそれ自体は凝然として永遠に不易不動、ただわれわれの意識の本質的構造のゆえに無数の形に限定されて現われる、つまり簡単にいってしまえばわれわれにそう見えるだけであるのに反して、イスラームの説く存在リアリティーはダイナミックな生成的エネルギーであって、刻々に自らを限定し分節して現われる。すなわち積極的に

「自己顕現」(tajallī)する。そこにヴェーダーンタと存在一性論との微妙な立場の相違がありますが、根本的構造は同じであります。しかしこの点については、また後で申し述べる機会がございますので、ここではこれ以上追求しないことにいたします。

Ⅶ 意識の「ファナー」と「バカー」

前節でもちょっと申しましたが、存在一性論の立場からすると、真の形而上学者は存在を未展開と展開、無分節と分節、無と有の二つの様態において同時に見ることのできる人でなくてはならない。しかし存在をこのような形で見ることができるためには、展開し、分節され、有として自己を主張している経験界のすべての存在者を一度、根源的無において見るということがなくてはならない。しかしそのためには、表層意識自身が無化されて、その無化された意識が無意識として、つまり深層意識として甦ってこなければなりません。表層意識では有だけしか見ることができないのですから。

われわれは普通、世界の到るところに存在の分節された形だけを見る。分節されない、根源的な未分節としての存在、すなわち形而上的無はどこにも見当りません。それが見えるようになるためには、どうしても表層意識全体がその認識作用を停止しなければなりません。そして表層意識が全面的にその働きを止めるためには、どうしても、その中心をなす自我意識が完全に払拭されることが必然です。自我の消滅とはここでは、あらゆるものを対象化して見る、つまりこれこれのものとして分節的に見る表層意識の主体性が消滅すること。そのような、宋学の術語で言えば「已発《いはつ》」の心の状態が消えて「未発《みはつ》」の原初的状態に落ちついたとき、はじめて絶対無分節の存在と(無)意識がぴたりと一致するのでありまして、こういう意味での自我意識の消滅をイスラーム哲学では術語的にファナー(fanā')と申します。ファナーとはアラビア語で文字通り「消滅」という意味、つまり自我意識の主体性の消滅です。

経験的世界、すなわち現象界は本来的に多者の世界であります。種々様々なものがそこにはある。さきにも申しましたとおり、この多者も本当は存在の形而上的リアリティーという絶対的一者のさまざまに異なる自己顕現の姿にほかならないのですけれど、存在のリアリティーをただ多者の姿でだけ認知する表層意識は、それらの分節された形態の彼方に、あるいは奥底に、ひそんでいる無分節の存在に気づかない。ですからここで深層意識が働き出すということは、さまざまに分節された存在の已発の状態を未発の状態にひき戻し、その状態において見るということを意味します。個別的なものとしていろいろに区分けされた存在を区分け以前の姿にひき戻して、無限定、未限定の状態で見るためには、それを見る主体の側でも自我という限定が取り払われなければならない。そこにファナー体験の人間的側面が、というより人間の主体性に関わる側面があります。

存在体験のこの側面は、イスラームにおいては、神秘主義、いわゆるスーフィズムによって修行「道」として組織化され、歴史的に強力な制度にまで発展いたしました。この「道」としての実践体系では、ファナーに至る意識改変の過程を「昇り道」と呼び、ファナーから、すぐ後でお話するバカーへの過程を「下り道」と呼びます。

都合で詳しいことは省略いたしますが、この上昇道の要諦は、ジャーミー（'Abd al-Raḥmān Jāmī）——この人は十五世紀、ペルシア文学史の一頁を華麗に飾るイランの詩人で、同時に存在一性論派の第一級の哲学者でもありました——の次の言葉、「己れの自我を遠ざけよ。他者の姿を心に見せるな」(Lawā'iḥ)に尽されていると思います。ここでジャーミーのいう「他者」とは、自我が己れに対立するもの、己れの向う側にあるものとして客体的に立てる事物、すなわち存在の分節形態のことであります。この意味で、ファナーに向かって自己転換していく意識のあり方を術語で「融一」(tawḥīd)とも申します。千々《ちぢ》に離れ散る心の動きを瞑想的に一本に収斂し、一点に集中していって、ついには形而上的一者の無(分節)のなかに自らを無化しつつ融消させてしまうということです。

しかし考えてみれば、自我が無化したといっても、その無化された自我の意識そのものが残存している限り、無もまた一種の「他者」であるわけですから、ファナーの意識自体も無化されるのでなければファナーは完成したとは申されません。仏教でもよく「空」が現成したところで、その「空もまた空され」なければならないなどと申しますが、それと同じくイスラームでは上昇道の窮極として「ファナーのファナー」(アラビア語で fanā' al-fanā', ペルシア語で fanā-ye fanā)を説きます。「ファナーのファナー」まできてはじめて「ファナー」は完了する。これがすなわちイスラームの考える無の体験であります。

無の体験とは、人間の側の主体的体験としては、自我意識の完全な消失、そして自我が消失するに応じて、知および意の対象としてそれまで自我と本質的に関わり、いわば向こう側から自我を自我として支える役を果たしてきた一切の事物が跡も止めずに消え失せてしまうことで、禅で道元禅師のいわゆる「身心脱落」の体験を思わせます。

しかし身心脱落の体験で脱落しきった身心が、こんどは「脱落身心」に飛躍的に転換しなくてはならないように、イスラームでも、ひとたびファナーにおいて無化された意識は、突如逆転して無の意識にならなければならない。意識の無が、無の自覚として甦るとでもいったらいいでしょうか。そういう新しい超越的主体としての無意識が、理論的にファナーの次の段階であるバカー(baqā')です。これが神秘主義では下降道として表象されます。

バカーとは、もともとのアラビア語の意味では「残る」ということ。術語的には自己存続、一度無化された意識があらためて有化されたところに成立する主体性です。いま有化と申しましたが、この有とは、仏教でいう「妙有《みょうう》」に大体当るものであることはいうまでもありません。こうして戻ってきた主体性は、始めから何べんも申しました深層意識なのでして、見かけだけは以前の、つまりファナーを経過しない頃の表層意識と同じ人間実存の主体性ですけれど、その内的構造はまるで違います。それが表層意識と深層意識との間の違いです。

むろん、バカー状態に入った意識の目の前には、普通の現象的多者界が、限りなく複雑な事物とそれら相互の関連として甦ってくる。しかし、この意識はすでにすべての限定性を無化したところに成立した意識ですから、それの見る多者も個別的分節の限界を一度越えてきた存在リアリティーそのものなのです。換言しますと、そのような人は自分自身をも、自分のまわりに見える一切の事物をもことごとく絶対的一者のさまざまに異なる限定

形態であることを見透している。そのようなものとして、現象的世界が彼の意識には映る

のであります。多でありながら一、一でありながら多、という古来東洋哲学諸伝統を通じ

て流れている根源的な形而上学のテーマが、ここでも鮮明な形をとって成立しております。

いままで述べてきたところからだけでもほぼおわかりいただけたことと存じますが、フ

ァナーとバカーについて一番微妙な、そして一番大切な点は、この二つの言葉の意味する

ものが、人間の意識の状態であるとともに、また事物の存在論的事態でもあるということ

です。主体的に人間の意識内で起ることが、いわゆる外的世界で客観的に成立する実在の

構造と全く一つであって、両方の間には一分の隙間もない。大体、こんなふうに主客の領

域を分けて考えること自体が間違っているのでありまして、主客を分けないことこそ、イ

スラームばかりでなく東洋思想一般について、その一つの根本的な特徴なのですが、もと

もとわれわれの言語は表層意識の働きに照準を合わせてできていますので、そして表層意

識にとっては主客を分離対立させることが一番自然なやり方ですので、どうしてもそこか

ら話が展開することになってしまう。そういうアプローチをすると、意識のあり方が事物

のあり方と一致する、というような表現になってくるのであります。そして事実、イス

ラーム哲学も叙述の方便としてそういう道をとります。

こうした理解の上に立って、ファナーとバカーのそれぞれに、一応、主体的意識の側面と客観的存在事態の側面を分け、両者は究極的には一つものである、一つものではあるが、人間の具体的体験の事実としては確かに二つの違った面が認められる、と主張するのであります。意識と存在とが別々に、平行し、対応して存立していて、それがどこかで一致するというのとは全然違います。『大乗起信論』の「心真如《しんしんにょ》」という術語がよく示唆していますように、深層意識の見処《けんじょ》からすれば、意識・即・存在なのであります。

Ⅷ　存在の「ファナー」と「バカー」

このような了解のもとに、以上私は、主として意識的事態としてのファナーとバカーについて論じてきました。今度はそれらの存在的事態としての側面に目を転じてみたいと思います。

この側面から見たファナーとバカーについて、イスラーム哲学の伝統は幾つかの特徴ある術語を作り出しました。まずファナー以前の状態を「離散」(farq)と呼ぶことから始めて、ファナーの状態を「集一」(jamʻ)、次いでバカーの状態を「第二の離散」(farq thānī) またはは「集一の後の離散」(farq baʻd al-jamʻ) といたします。これらの言葉が客観的存在的事態を指示することを意図して作られたものであることは、同じファナーとバカーとの主体的意識的側面を表わすために、前者を「酩酊」(sukr)、後者を「第二の素面《しらふ》」(saḥw thānī) と呼び、ファナーとバカー以前の日常的意識状態を「素面」(saḥw) と呼ぶ慣わしになっているのと並べてごらんになると対照的によくわかります。

われわれが事物を客体的に、われわれの外にあるものとして見る、普通の意識のあり方、すなわち表層意識を「素面」つまりまだ酒の味を知らぬ者の心に譬え、次に深層意識が開けて、ものを見るわれも見られるものも無に帰したファナーの体験を「酔い心地」、さらに体験が深まってバカーとなり、一度無のなかに消えた事物がまた見えてくる状態を「第二の素面」、つまり「酔ざめ」に譬えるなど、まことにイラン的あるいはスーフィズム的な形象化ですが、これらがいずれも存在の客観的事態に関わるものではなくて、体験主体の意識のあり方に関わるものであることは一見して明らかでありましょう。

これに対して、「集一」とか「離散」とかの言葉は、いま三つに分けた意識の段階のそれぞれに映った存在のあり方を指すものであります。ともかく、これらの術語そのものの意味をもう少し具体的に解明してみましょう。

まず「離散」ですが、farqというアラビア語は二つ以上のものをばらばらに分けること、あるいは三つ以上のものが離ればなれになっている状態を意味する言葉でありまして、要するに独立して存在する無数の事物からなるものとして世界を見る常識的見方、簡単に言えば素朴実在論の立場であります。前にもご説明しましたように、そういう見方においては、すべてのものがそれぞれ自分の「本質」によって規定され、本質の描く境界線によって互いにはっきり分れている。山は山であって、川ではなく、川ではありえず、山と川とは本質的に違っている。素朴実在論的に「山はこれ山、水はこれ水」であります。事物のこの存在的状況を「離散」と申します。

それから、これとはまた別に、なんらかの形で絶対者というようなものを人が認めた場合、経験的世界の事物を有為転変《ういてんぺん》して止まるところを知らない無常ではかない相対的存在者として、これを永遠不変の絶対者と分離して考える。これもまた「離散」と呼ばれます。この第二の意味に解された「離散」は、人格的一神教であるイスラームの普通の信仰と合致します。イスラームの信仰にとって絶対者とはすなわち唯一なる神であり、神は絶対的超越者であって、神と世界との間には無限の距離がある。すなわち神と世界とは絶対的に分けられる(farq)からであります。しかし同じイスラームのなかでも存在一性論者たちは神をこのようには考えません。彼らにとって絶対者とは窮極的には人格神ではなく、というより人格神であるより以前に、人格神をもそれの一つの顕現形態とするような、より根源的な何ものかを立て、それを絶対未発、未展開、未分節の境位における存在リアリティーとするのであり、それを同時に一切の個別的存在者の顕現する形而上的根源とするのでありまして、形而上的根源としての存在と、それの限定された顕現形態としての存在との間に本当の意味では――つまり勝義的には――隔たりはない。しかも形而上的根源としての存在が絶対未発であるからには、全然何ものも現われてはいない、つまり無であると考えるのですから、まさに「空即是色」、またその逆の「色即是空」であります。空と色《しき》とを分けるのは、まだバカーの境位を知らない人の立場だということになります。この意味でも表層意識の存在認識は「離散」の立場とされます。

こうして日常的人間の存在にたいする見方は二重に「離散」的であります。すなわちまず絶対者と現象界を分ける、次に現象界そのものの内部で、個々の存在者の間を分ける。ところが、意識がファナーの境位に達しますと、存在風景ががらりと変ってきます。前に詳しくお話しましたように、自我意識が消滅する。認識主体がないのですから、当然、それによって認識される事物もない。この事態の成立をもう少し速度の緩い過程に引きのばして観察してみますと、主体の側で自我という意識の集中度がだんだん薄れていくにつれて、今まで事物の間を隔てていた現象的限定の線がぼやけていき、事物間の「本質」的区別が取り払われて、一つになってしまう。この存在的事態をイスラーム哲学の術語で「集一」(jamʻ)と呼ぶのであります。『荘子』の応帝王篇《おうていおう》にいわゆる「渾沌《こんどん》」に該当します。万物がその本質的差別を失って渾然たる存在＝カオス、すなわち統合的一者として現成した状態です。そしてこの「渾沌」がより窮極的には絶対無差別的一者、すなわち「無」に帰入していくように、「集一」はついに根源的無分節にその姿を失う。この形而上的無をイスラームでは「隠没」(ghaib)と名付けております。

このようにあらゆるものが「隠没」の境位に入って完全に消滅した状態は存在事態としてのファナーの窮極でありますが、ここに成立する無は、消極的に何もないということではなくて、絶対未発、未展開としての積極性をもった無でありまして、無のこの自己展開の開始とともにバカーの領域が始まります。主体の側では意識の無が無意識として甦る。

このことはもう前に申しました。存在的には、絶対無の中に有的側面が現われてくる。宋学における「無極」→「太極」のように、です。朱子の解釈に従えば、無極はそのまま太極であって、両者の間にいささかの隔たりもない、それはイスラームの形而上学でも同じことですが、しかし様相的には無相・有相の差異はあります。仏教の「真空妙有」にしても同様です。しかしイスラームでは、この場合、無相と有相の究極的同一性よりも、むしろ両者の差違を強調し、両者の間に構造的に明確な分割線を引きまして、この有相の側面からまず統合的一者が現われ、次にこの一者自身の内的創造性、つまり自己分節への本源的傾向にうながされて現象的多者が現出して、四方八方に拡散していく、と説きます。これがすなわち「集一の後の離散」あるいは「第二の離散」と呼ばれる事態なのであります。

第二の離散の状態における存在は、まごうかたなく、多者の世界。この点では第一の離散、すなわち、まだファナーもバカーも経ない素朴実在論的世界が多者の世界であるのと少しも変りありません。無数の事物が現在し、それらの事物相互の間には、明白な区別があります。ファナーの境位では、「山、山にあらず。水、水にあらず」だったものが、またふたたび「山はこれ山、水はこれ水」です。

しかしながら、第一の離散における多者と第二の離散における多者との間には一つの根本的な違いがあります。それは、第一の離散においては、そこにある事物がばらばらで、文字通り互いに離散していたのに反して、第二の離散では、それらすべての存在者が一つの例外もなしに絶対無分節的存在リアリティーの自己分節として現成しているということです。この意味で、ここでは多者が多者でありながらしかも一者なのであります。すなわちすべてが、内面的に自己分節した一者の存在様態なのです。ただの多者ではありません。この観点から見て、第二の離散、すなわち集一の後の離散を、また「集一の集一」(jam' al-jam')とも呼びます。省略的な用語法でちょっとわかりにくい術語ですが、ファナーの境位で「集一」され無に帰した一切の事物が、バカーの初段階で「離散」し、それがさらに高次の形而上的統一性のヴィジョンで「集一」されるという意味です。

ですから、この高次の集一で現成する存在の一者性は、そのまま一者的多者、多者的一者でありまして、例の coincidentia oppositorum (矛盾し対立するものの一致) に見られるような構造上の緊張を孕んでおります。ムハンマド・ラーヒージーは、さきに挙げました『玄秘の花園』の註釈のなかでこの境位を説明するために鏡の比喩を使い、さまざまに異なる無限数の事物の形姿を映した無限大の鏡に一者を比しております。いろいろなものが鏡の面に現われている。それに注意を集中すれば鏡の方がお留守になる。鏡そのものを注視すればそこに映っている事物の方を忘れてしまう。それを、鏡も事物も同時に、同じ鮮明度で見るのが真の形而上学者である、というのであります。

現象的世界の只中にあって現象的事物を見ながら、しかもそこに現象以前の一者を見る。現象以前の一者とともにありながら、しかもそこに現象的多者を見る。こういうことのできる真の形而上学者をイスラームでは「双眼の士」(dhu al-'aynain)と申します。右の眼では現象以前の一者を、左の眼では現象的多者を、同時に見る人の意です。しかし、そもそもこんなことが可能になるのは、一者と多者とが窮極的には同じ一つのリアリティーだからであります。絶対無分節の境位における存在リアリティーと分節の境位におけるリアリティー。境位は違っても、もともとは同じものであって、それがファナーとバカーという二段階の体験を通じて二つの違った形で深層意識に現われる。

ファナーの境位で一切のものが無化され、一切のものが無であることが自覚された上では、それに続くバカーの境位でふたたびそれらのものの姿が立ち戻ってきても、その存在性は無の基盤の上に立つ根源的に無的なもの――これを術語で「虚なる」(bāṭil)存在と申しますが――であり、「借りものの」存在であります。

しかしバカーには、これと違った積極的反面があります。それは、前にも一言いたしましたが、無から有が生起してくる場合に、その有、すなわち現象的事物は、一つ一つが無の自己分節——存在一性論的に申しますと、無の自己顕現——として生起するということです。この場合「無」とは、いわば真空妙有の、特に妙有の側面に当るのでありまして、この側面を通じて形而上的存在リアリティーが無の「隠没」状態から、己れをさまざまに限定しつつ顕現する、と考えるのであります。ですから、この面から見られた場合には、存在リアリティーの現われである限り、いかにそれが限定された形であるとはいえ、現象界におけるいかなるものも文字どおりに「虚」ではありえない。虚でなくて実であります。

こうして、バカーの境位から見たわれわれの経験的世界にあっては、一つ一つのものがどれもいま申し述べました否定面と積極面の特殊な結合としての存在者であります。一つ一つの事物が時間と永遠、相対と絶対、有限と無限の出会いの場である。このことを理論的に存在「可能性」と呼びます。

一体「可能性」(imkān)とか「可能的」(mumkin)とかいうのは、イスラーム哲学の中でもアリストテレス的スコラ哲学の伝統に属する存在論の術語でありまして、存在必然性——それを本来的にもつのは神だけです——にたいして、あることもありうるが、ないこともありうる、必ずあらねばならぬとは限らない、つまり有・無にたいして中性的な、存在不決定性を意味するのですが、存在一性論の系統では、その内容を少し変えて、有でありながら無、無でありながら有、というファナーとバカーを合わせた存在様態の意味に使います。

この意味での存在可能性は、ですから、スコラ哲学でのように理性的思惟の産物ではなくて、神秘主義的実在体験の内実の概念化です。この体験的事態の構造を、概念性から原体験に引き戻しつつ、原体験を生かすような自己矛盾的形象の組合せによって、『玄秘の花園』の著者、マハムード・シャバスタリーはこう表現しています。

あやめもわかぬ暗き日中《ひなか》に
明るく照り映えるぬばたまの夜

「明るく照る夜」とはファナーの境位に現われる存在リアリティーの特殊な存在論的構造を指す言葉で、存在の一切の顕現形態は視界から完全に払拭されています。「夜」(shab)です。何ものの影も見えません。すべての事物のすべての色と形とは、残りなく深い夜の闇の中に没して、見渡すかぎり黒一色。ところが不思議なことに、この形而上的夜は「明るく照る」(roushan)といわれます。ファナーの境位における存在は絶対無分節、未展開で、何一つ見えない暗闇ですけれども、それはただ人間の意識にとって暗黒なのであって、それ自体においては、一切の存在者の太源として、すべてのものを照らし出す光源であるからであります。一切のものが、この光源から限りなく溢出《いっしゅつ》する光に照明されて現象界に輝き出てくる。光源は「光の光」(nūr al-anwār)です。ついでながら、存在の太源を「光の光」とし、すべての存在者をそこから溢れ出る、さまざまに色づけられた光として体験するのはいわゆる照明体験(ishrāq)でありまして、イスラーム思想史としてはスフラワルディーの系統に属します。

次に冒頭の「暗い昼間の只中に」という表現ですが、その意味するところは、いま見方によって闇とも光とも呼ばれた純粋存在が、さまざまに限定された相対的形態の下に、多者界の只中に自らを顕現するということです。この意味で、そしてこの形でのみ、純粋存在は存在として、いわゆる外界に現われてくる。ちょうど、明るい昼間の光の中にあらゆるものがわれわれの目に見えるように。だから「昼間」と言います。だが、すべてのものが姿を現わす昼間の光は現象的な光、純粋な形而上的光でなくて経験的に混濁した光であり、そこで已れをあらわにするすべての存在者は、本来的には闇、すなわち非有的性格のものであります。この点から、ここでは昼の光が「暗い」と言われているのであります。

IX　人間の三段階

以上述べてまいりましたことから、存在一性論だけでなく、あらゆる存在論にとって決定的な意義をもつ一つの問題が起ってきます。経験的世界すなわち現象界は、いかなる意味で、またどの程度まで実在的《リアル》なのであろうか、という問題です。この問いにたいする答えの如何によって、人は実在論者になったり観念論者になったりする、存在論の種類分けの基準になる重要な設問です。イスラームでもいろいろな区分けをいたしますが、ここでは存在一性論自身の立場からの分類を取り上げてみましょう。

前掲の『あらゆる玄秘の統合点』という書物のなかでハイダル・アームリーはこの問いをもとにして、すべての人間を三種類に分け、これを人間の三段階説として提出しております。その三つとは、

(一)「俗人」('awāmm)、すなわち「理性(だけ)の人」(dhawu al-'aql)

(二)「選良」(khawāṣṣ)、すなわち「直観(だけ)の人」(dhawu al-'ayn)

(三)「選良中の選良」(khawāṣṣ al-khawāṣṣ)、すなわち「理性と直観を合わせた人」(dhawu

al-‘aql wa-al-‘ayn)

㈠から㈢まで順に段階をなすのですから、下品《げぼん》、中品、上品といってもいいかと思います。第一の下品、つまり一番低い段階、これがまた上下二段に分れますので、人間の中で最下等なのは下品の下。ファナー、バカーにはなんの関係もなく、ただ多者しか見ないし、また見ることのできない人々です。自分がこの世界で感覚的に認識するいろいろな事物、それが唯一の実在であって、その向こうには何もないと信じこんでいる人々。ファナー、バカーを経た人の見地からすると、この人々の目には、存在の現象的形態に覆われて、現象の源《みなもと》である真実在が見えない、ということになります。錯綜するさまざまな現象的事物は、それらがそこに存在するという事実とそれらが存在する仕方とによって、実はそれらのものを通じて自己顕現している「何か」を明らかに提示しているはずなのですが、この人たちの場合、現象的事物の姿がかえって、不透明なヴェールとなって、その「何か」を見えないようにしている。

この事態をイスラーム哲学では、よく鏡の比喩で説明します。前にもちょっと申しましたが、鏡の面に現われた映像だけが見えて、そこにある鏡そのものの存在に気がつかない、というわけです。むろん、鏡がなければ映像もない道理ですので、この人たちにしても実際は鏡の面に映じた事物の形姿を見ているわけですけれど、それをこの人たちは映像がそれだけで自立して実在していると信じこんでいるのです。

鏡のほかに、もう一つ海の比喩がよく使われます。鏡も海もイスラームだけでなく、他の東洋哲学の伝統、例えば仏教などでわれわれになじみ深い比喩であります。怒濤にざわめき立つ海。人は波に気を取られて、結局は波も海の外的現われだということを忘れている。先に挙げたイランの詩人ジャーミーは、このことを次のように描いております。

存在は茫洋たる海、
　波、絶えまなく荒れ騒ぐ。
この海を、人々
　ただ波の騒擾《そうじょう》と見る。
見よ、底知れぬ海の深みから
　数限りなく波の湧き起って
水面《みのも》は千々に乱れ散り、
　波のみ見えて海はなく……。

存在一性論の実在観を宇宙大の海と、海面一杯に乱れる波のざわめきに見る、見事な詩的形象化だと思いますが、海の表面――表層意識の見る存在の現象面――の波だけを見て海を見ないこの人々、これが下品の下でありまして、こういう人たちにとっては「現象」という言葉すら、実は意味をなさないのであります。

しかし同じく俗人でも、これより一段上の人々がおります。下品の上です。この人たちになりますと、感覚的事物だけを実在として見るのではなくて、いわばその向こうに不可視な何者かの実在を認める。その「彼方なる何者か」が絶対者、つまり信仰の言葉でいう神であります。この存在観において、神は超越者であり、絶対他者でありまして、経験的世界から截然《せつぜん》と切り離されており、両者の間には創造と被造、支配と服従という外的関係があるだけで、内的本質的つながりはまったくありません。こういう見方をする人々を存在一性論者は「外面の人」(ahl al-ẓāhir)と申します。実在の外面だけを見て、それで満足している人の謂いであります。

仏教でもよく眼病を患った人が空中に花を見るなどと申しますが、イスラームの方でも「外面の人」を、眼病にかかって実在をあるがままに見ることのできない人に譬えます。アラビアで古くから知られたハワル(ḥawal)という眼の病いのことで、この病気にかかった人は何を見ても二重に見える。一つのものが二つの別々のものに見えるのです。

神と世界との関係をこんなふうに考える考え方が、いわゆる正統派の法学者・神学者たちにとって、どれほどひどい皮肉と見え、侮辱と感じられたかは想像にあまりあるところです。事実、存在一性論者たちは——この点では、スフラワルディー系の照明学派も同じですが——歴史上しばしば迫害されました。

次は下から二段目の「選良」、つまり中品の人たちですが、ファナーの体験を経ているということがこの人たちの特徴です。ファナーの境位において、自我意識が払拭《ふっしょく》され、それに応じて対象的事物の姿も残りなく消えて、主客ともに無に帰してしまう。この無には、前に申しましたように有的な積極面もあり、それが万物顕現の始点《アルケー》となるわけですが、有であるにしてもそれはまったく限定も分節もない未展開の有、すなわち絶対的一者ですから、事実上は無と同じことでありまして、これが中品の人々の見る存在風景であります。

むろん、この人たちにしても、いつまでもファナーの境位に凝然と止っているわけではなく、必ず日常的意識、つまり表層意識の働く次元に戻ってこなければならない。そうなれば当然、この人たちの目にも多者、すなわちさまざまな現象的事物が見えてくる。しかしこの人たちは、そういう現象的多者の世界を一挙に幻影として斥けてしまうのです。彼らにとっては、日常的経験の世界とそれを構成する事物は、本性的に実在性を欠いたもの。いわゆる存在者は本当は存在するものではなくて、夢に見る世界や幻に現われる事物のように、実在性の裏打ちのないものなのであります。マーヤー(māyā)という語を幻、あるいは幻を惹起する魔力と考えて、通俗的に解釈された形での不二一元論的ヴェーダーンタが我々の経験的世界をそのまま無条件で非実在視するのと、この点で同じことになります。

このようなヴェーダーンタ哲学の通俗的解釈がシャンカラの真意にもとるように、無または一者の実在性だけを強調して、現象界を非有としてしまう中品の人々の見地は、存在一性論の世界像を著しく歪曲します。ですから、こういう存在観を信条とするイスマーイール派(シーア派の一分派)をハイダル・アームリーは完全な異端として斥けるのです。鏡に映った物象だけを真実在と考えて、鏡そのものを見ない下品の人たちも間違っているけれども、鏡だけを実在として、鏡の面に現われているものを無条件で非実在とする人たちもまた間違っている、と考えるのであります。

存在一性論の立場は、第三段目、「選良の選良」つまり上品に至ってはじめてその真面目を発揮することになります。この最高の位置を占めるのは、いうまでもなく、ファナーの境位に達した後、それを突き抜けてバカーの境位にまで進んだ人々、絶対者と相対的事物の世界との関係を、一者と多者との一致、つまり coincidentia oppositorum という力動《ダイナミ》的《ック》な結びつきとして把捉することのできる人々です。前に申しました「双眼の士」とはまさにそれのことで、神学的用語で表現しますと、被造物のうちに神を見、神のうちに被造物を見るといってもいいし、また、神という鏡を見つめながら同時にそこに映った事物の姿を看取し、鏡の面の映像に視線を向けながらしかも鏡をもそこに見るともいえます。

現象的事物を存在的多者として認知することが、同時に現象以前の存在を究極的一者として目睹することの妨げとならない。逆に一者を見ることが多者を見ることの妨げとはならない。形而上的一と経験的多とが二重写しに透き通しになって、融通無礙《ゆうづうむげ》な存在風景がそこに開けます。これを術語で「収斂」(ijmāl)と「拡散」(tafṣil)の同時成立と呼びます。また「無限定態」(iṭlāq)と「限定態」(taqyid)の同時成立とも。放てば十方に拡がって全宇宙を充たし、収めれば一切がただ一点に帰す、というわけです。

存在リアリティーの、常識的見方からすれば相対立し背きあうはずのこの二面を、一つに合わせて認識するところに成立する存在観を、ハイダル・アームリーは「存在融一」

(tawḥīd wujūdī)と呼びます。そしてこれがイブン・アラビーまで遡る存在一性論の要旨なのであります。

X　存在の自己顕現

しかし、この存在一性論の思想的根本構造は、その全体を支えている存在顕現あるいは存在の自己顕現(tajallī)という考え方が正確に理解されない限り、充全の解明を得たとは申されません。これから、この基礎概念を説明しまして、それにもとづいて構築された形而上学の叙述への準備といたしたいと存じます。

「自己顕現」というのは、元来、存在一性論の長い歴史の始点となったイブン・アラビー自身において、その根源的存在ヴィジョンそのものの中心をなした考えでありまして、彼のイルファーン的形而上学全体がそれの思想的展開と申しても決して過言ではないほど、決定的な重要性をもつものであります。

「自己顕現」という枢軸をめぐって形而上学的に展開するイブン・アラビーの存在ヴィジョンが、前節までにやや詳しく述べてまいりましたファナー、バカー体験の上に立ち、したがって理論的にはそれを前提とするものであることは申すまでもございません。以下そのおつもりでお聴き願いたいと思います。ファナー、バカーの体験知を前提として理解しなければ、この種の形而上学はたんなる抽象的な言葉の操作だけになってしまいます。

さて、「自己顕現」の形而上学は、もちろん、「顕現以前」から始まります。「顕現以前」ですから、それは形而上的無です。この無の只中から有が生起してくる。それは無自体のなかに構造的に伏在している無の有的側面、あるいはもう少し正確には有に向う無の側面、を通じて無が有的に展開し、自己顕現するという形で起ります。この顕現の源にあたるもの――「もの」という言葉は、実を言うとここでは適当ではないのですが、表現上止むを得ない方便として使います。本当は、それ自体ではまったく無限定、無際限の宇宙的な創造的エネルギーとして考えた方がより真に近い――を仏教では「真如《しんにょ》」(tathatā「そのようにあること」)と名づける慣わしですが、イスラームの存在一性論哲学では「存在」(wujūd)という語で名指します。もう何べんも申しましたが、未発の、まだ全然動き出さない、絶対に無限定の純粋存在という意味です。この未発が已発《いはつ》に転じる瞬間を仮りに想定すると、それが存在の自己顕現の始まりということになります。

この自己顕現、またはそれに類するダイナミックな展開過程を考えに入れないで、つまり未発・已発というようなことを考えずに、純粋存在をただそれだけ切り離して一方に措定し、他方それに対立するものとして経験的世界のさまざまに個別化された相対的存在者を置いて考えますと、後者すなわちそれぞれ自分特有の「本質」によって固定され、同一律に支配される経験的事物は、本当の意味で存在するのではないもの、夢幻のごときものであり、本当は無いものであるということにならざるを得ない。イスラームでも、この意味で、われわれが感覚的に認識する経験的事物はすべて「無」('adam)であり、その本性上「無的」('adami)であると申します。しかしイスラームだけではありません。純粋存在、すなわち絶対存在と相対存在を、中間に連関過程を入れて考えない場合は、東洋哲学一般にそういう見方になります。

たとえば『大乗起信論』の一節に次のような意味の言葉があります。「まだ悟りの境地に達していない人はすべて、その意識が妄念として作用するので、瞬間瞬間に事物を区別して(それぞれ違った、自立したものとして)見る。」また、「心性(=「心真如」と同じ。すなわち絶対意識と完全に融合し一体となって現成する真如)なるものは、元来、一切の現象的限定の彼方にある。それなのに、ただ妄念が働くために、いろいろなものが独立した存在者として互いに識別されるのである。われわれがひとたび已れの意識の妄念的機能(何もないところに何か存在するものの幻影的形象を産み出す働き)から解き放たれるならば、いわゆる客観的世界など影もないのだ」と。シャンカラの不二一元論でも、まったく同じことがいわれております。

しかし、ヴェーダーンタでも大乗仏教でも、そしてイスラームでも、絶対存在と相対存在とをこのように完全に分離してしまわないで、その間に連関の道を認めますので、相対存在の「無的」性格の意味が変ってくる、つまり、「無的」ではあるけれども、まったくの無ではないということになってくるのであります。この連関の道をなすものが、イスラームでは「顕現」です。この意味において、「存在顕現」は形而上学的にきわめて重要な位置を占めるのでありまして、この概念がなければ、存在一性論の形而上学は形而上学として成立いたしません。

存在顕現というこの概念は、ヴェーダーンタ形而上学の基礎概念の一つである adhyāsa と構造的に酷似しております。adhyāsa を英語で普通 superimposition などと訳しますが、本来まったく無限定であるものに、外からいろいろな限定を付加する、「付託」するということでありまして、このいわば後天的な付託によって、「無相の梵」(nirguṇa-Brahman)がさまざまな「名称と形態」(nāma-rūpa)を負わされて無数に分裂し、「有相の梵」(saguṇa-Brahman)として現われる。要するに、まったく内的分節線のない絶対的実在が、いろいろに分節された形でわれわれの意識に映る。分節の全然ない、そしてそれ自体としては永遠に分節されることのない絶対的実在を、このようにあたかも分節されたものであるかのようにわれわれに見せるのは、「無知」(avidyā)すなわち「無明」と呼ばれる幻像創造力でありまして、この力を一名、マーヤー(māyā)とも申します。

この考え方には、イブン・アラビーの考え方とは微妙な、しかし重要な点で違いがあります。それと申しますのは、イブン・アラビーの場合、本来絶対無分節の純粋存在が、分節されて現われる、そうわれわれに見える、というのではなくて、事実上、もっと積極的に、無分節の純粋存在が、自らに内在する本性的な現象衝動に突き押されて、自らを分節して現われる、と考えるのであるからです。この内在的衝動をイブン・アラビーは、イスラームの宗教的形象を使って「慈愛の息吹き」(nafas Raḥmānī)と呼びます。だから彼にあっては、経験的世界の出現の原理は「愛」(ḥubb)つまり神の形而上的愛であって、「無知」「無明」ではありません。

こういう次第ですから、内発的な「愛」に促されて絶対無分節の純粋存在が次第に自己分節して顕現していく、その結果そこに生起する存在者の性格にたいする見方も、ヴェーダーンタや仏教の場合とは、当然違ってきます。さきほどシャンカラの形而上学において、「無相の梵」が「有相の梵」に転換するさいに付託される形をナーマ・ルーパ、「名称と形態」だと申しました。イスラームでこの「名称と形態」に当るものは、第一次的には「有無中道の実在」(a'yān thābitah)とイブン・アラビーが名づけた存在範型でありまして、これがわれわれの知的反省を通して概念化されると、いわゆる「本質」(māhiyah, 複 māhiyāt)となるわけですが、「有無中道の実在」にしても、それの経験世界での具現としての感覚的事物にしても、ナーマ・ルーパより、ある意味ではずっと実在性の度合が高いのです。なぜなら、顕現の段階こそ違え、それらはすべて純粋存在そのものの自己分節なのですから。しかもそれらの事物の直接の源泉である「有無中道の実在」に至っては、後ほどもう少し詳しくご説明申しますが、イスラーム神学のいわゆる神名と神の属性に当るものであり、いわば神自身の内部分節的な構造の現われであり、またイブン・アラビーがいっておりますように、神の自意識に映った神の内面なのですから、ますます実在的であるのは当然です。

しかしながら、それらのものはすべて純粋存在の顕現形態であって、純粋存在そのものではない、つまり存在ではあるけれども絶対純粋な存在ではないという点から、非実在的ともいわれるのであります。たとえば花というものは、純粋存在の一つの特殊な顕現の場(maẓhar)としては完全な実在性をもっているが、花というものをそれ自体として、純粋存在から切り離して見れば、非有であり無であるのです。

このことは、もうこれまでにも機会あるごとに強調してまいりましたので、充分おわかりいただけたかと思いますが、実際これが存在一性論の存在論としての眼目です。ですからこのことをいろいろな人がいろいろな形で説明しました。ここにその一つ二つをご紹介してみましょう。

たとえばアブド・ル・カリーム・ジーリー('Abd al-Karīm al-Jīlī, 1365–ca. 1428)は『完全な人間』(Kitāb al-Insān al-Kāmil)というイスラーム哲学史上有名な神秘主義的人間論を書いた存在一性論の第一人者ですが、彼はいま申しましたことについてこういっております。

「絶対者は、いわば経験的世界の第一質料である。この観点からすると、世界は氷に譬えられ、絶対者は氷の質料因としての水に譬えられよう。水が凝固して塊まりになったものを氷と呼ぶ。だがこの場合、『氷』というのは借りものの名前にすぎない。それの本当の名前は『水』なのだ」と。

ここでジーリーが「絶対者」と言っているのは、もちろん、神学的には神のことですが、存在一性論者として彼が本当に考えているのは純粋存在です。すなわち未発の存在こそ存在の名に値する唯一のものであって、已発《いはつ》の存在を存在と呼ぶのは借りた名にすぎない、という。この点から一般に存在一性論では、経験的事物の存在を「転義的存在」(wujūd majāzī)とか、「虚構的存在」(wujūd i'tibārī)とか呼び、特にモッラー・サドラーは経験的世界に存在するすべての事物を「関係だけ」(rawābiṭ maḥḍah)と呼びます。「関係だけ」とか「たんなる関係」とはちょっと変った表現ですが、これはすでに存在しているいろいろな事物相互の横の関係を指すのではなくて、縦の関係、つまりそれらの事物が、それぞれ己れの本源である純粋存在と、顕現者—顕現形態という関係でつながることによってわずかに存在者としての資格を保っていることを指したものです。ついでながらイスラームでは、このような縦の存在関係を特に「照明的関係」(iḍāfah ishrāqiyah)——上から落ちてくる光と、それに照らし出されて、はじめてあると知られる感覚的事物との関係になぞらえて——と呼び、普通の横の関係から区別しています。

未発の存在と已発の存在の関係の構造的説明のもう一つの有名な例は、ハイダル・アームリーの考案したインクと文字の比喩です。人が本を読む。本のページはインクで書かれた文字の連鎖。人の目をまず打つものは文字。文字だけ見えて、インクは見えない。実はインクで書かれた、つまりインクのいろいろな形態を見ているにすぎないのですけれど、インクそのものの存在には気づかない。だが、ちょっと視点を変えれば、文字の存在が「虚構」(i'tibārī)であることはすぐわかります。文字とは、インクのいろいろな形に社会的慣習、つまり人間の取りきめによって意味が付託されたものなのですから。つまり人の目の前に実際に存在しているのはインクであり、インクだけである。文字の存在とは、本当はさまざまに違った形に変容しながら自己を展開するインクという唯一のリアリティーの存在にほかならないのです。しかしもちろん、ある意味では文字も文字として存在しているのでして、この両面を同時に見るのが、先に申しました「双眼の士」であります。

経験界でわれわれが知覚する存在者は、すべてこの比喩に出てくる文字のようなものであり、それらの存在者の「第一質料」ともいうべき純粋存在はインクである、というのがハイダル・アームリーのここで示唆したいことであります。預言者ムハンマドの言葉と伝えられるもの、すなわちハディースに、「神は光と闇の七万のヴェールのかげに隠れている」とありますが、世の中にはヴェールだけしか見えない人もあり、ヴェールの向うに見えざる神を信じる人もあり、ヴェールもそのかげの神もともに見る人もある。しかし、イブン・アラビーにいわせますと、これでもまだ足りない。文字をヴェールと思うこと自体が本当は間違っている。文字はヴェールでもなんでもないのです。文字はすべてそのままインクなのですから。ヴェールのかげに隠れているどころか、インクは明々白々、そこに己れをさらけ出している。何一つ匿すものはありません。だからイブン・アラビーはこう申します。「いわゆる経験的世界こそ秘密である。永遠に隠れた何ものかである。反対に絶対的真実在は永遠にあらわなるものであって、決して隠れるということはない。普通の人はこの点で完全に間違っている。世界はあらわなるもの、絶対者は隠れたものと彼らは思いこんでいる」と。

こうして、イブン・アラビーおよび彼に従う存在一性論者たちの見地からしますと、「存在」とは、無限に異なる形を通して自らを顕現して止まぬ唯一の創造的リアリティーということになります。このリアリティーのダイナミックな創造衝迫は、「慈愛の息吹き」となって宇宙十方に貫流し——と言うより宇宙そのものを形成し——到るところに自己顕現の形としての存在者を創り出していく。それをイブン・アラビーは「存在貫流」(sarayān al-wujūd)とか「存在の自己展開」(inbisāṭ al-wujūd)とか呼んでおります。要するに存在の自己顕現ということですが、それはただ純粋存在がさまざまに自己を限定し、分節しつつ経験界の事物として現われてくるという単純な一者—多者関係ではなくて、幾つかの中間的段階を経ながら最後に経験界が成立する現象過程として考えられるのでありまして、この存在顕現の段階的過程を構造的に把握したものが存在一性論の形而上学にほかならないのであります。

XI 存在顕現の構造学

存在顕現に太源あるいは究極の始点があり、それが純粋存在であることは、以上るる説明してまいりましたことで明らかであると思います。すでにご承知のとおり、存在と申しましても、純粋存在は絶対に未分節、未顕現の境位における存在でありまして、この意味では、簡単に言ってしまえば非有であり無なのですけれど、先に申しましたように、この無そのものに体験的、理論的に二つの相反する側面を認めます。仏教の真空妙有《しんくうみょうう》に当りますが、イスラーム的術語としては、「内」(bāṭin)と「外」(ẓāhir)の二面が純粋存在にはある、と申します。ここで「内」と訳した原語、アラビア語の bāṭin は、たんに内面という意味だけでなく、中にひそんで外からは見えないという含意をもっております。これに反して「外」と訳した ẓāhir の方には、外側に露出し、現われているという含意があります。

この含意が示唆しておりますように、「内」とは純粋存在の絶対不可視、不可知的側面、模糊《もこ》として密雲のかげに隠れた形而上的「隠没」(ghaib)、すなわち「秘密」であります。宗教的には、もちろん、「隠れた神」Deus absconditus に当るものかも知れませんが、イブン・アラビーはこれをまだ神ですらないもの、神の彼方なるものとします。イスラーム信仰の対象である唯一神＝アッラーすら、この形而上学では純粋存在の下段階での顕現にすぎない。これが存在一性論の一つの大きな特徴です。

これに対立する「外」は純粋存在の顕現力としての側面を表わします。まだまったく顕現は始まっていない境位ですので、ここにはまだ何ものの影もない、形而上的無ではありますが、顕現力の気配だけはかすかに漂っている。つまり全現象界の発現の源として――老子的に言いますと「衆妙《しゅうみょう》の門」として――の純粋存在であります。

いまここにご説明しました否定面と肯定面、「内」と「外」の両方を併せて、純粋存在そのものを形而上学の術語で「存在の本体」(dhāt al-wujūd)と申します。この表現は昔からイスラーム神学で使われてきた「神の本体」(dhāt Allāh)という大変重要な術語にならって作られたものでありまして、英語では普通 Essence of God などと訳されておりますが、dhāt をこのように essence と訳し、それをさらに日本語で「本質」と訳したりすると、前にお話ししました māhīyah としての「本質」と混同されて大きな誤解のもとになります。māhīyah とは「それは何であるか」という意味での本質、つまり存在にたいする事物の概念規定的本質の意味でして、もともと神にはそういう意味での本質はないはずです。「神とは何々である」として定義できないのが神なのですから。では dhāt Allāh とは何を意味するかと申しますと、神学的に神にはいろいろな性質があり、神はいろいろなことをする、つまり神にはいろいろな属性がある、それを一切取り払って、属性によってさまざまに規定される以前の神そのものを dhāt Allāh というのです。そういう意味で「神の本体」と訳します。同様に存在にもいろいろな顕現形態が纏わりついておりますが、それらをすべて附加要素と考え、それらを一切取り払って、あらゆる顕現以前の存在、つまり純粋存在そのものを「存在の本体」と呼ぶのであります。

そうなりますと、形而上学の構造としては、「存在の本体」が最高の段階にくることが当然でして、これは誰の目にも明らかだと思われるでありましょう。だがしかし、ここにもすでに形而上学構成上の大きな問題があって、この点についてのイブン・アラビーのテクストの解釈をめぐって存在一性論者は二派に分れます。それは、形而上学の構造の最高位を占めるものは、「存在の本体」の否定面、すなわち「内」だけなのか、それとも「内」「外」共に含めた意味での「存在の本体」なのか、という問題です。

ダーウード・アル・カイサリー(Dāūd al-Qaiṣarī, 歿年1350)というイブン・アラビー解釈の最高権威のひとりに代表される一派の人たちは、「内」「外」両面を併せた「存在の本体」を形而上学的に「絶対一者」(aḥad)と呼び、それの体系的に占める階位を「絶対一者性」(aḥadīyah)と呼んで、全体の最高位とします。したがってこのシステムでは、「存在の本体」即「絶対一者」ということになる。そして「絶対一者」は、同じ「一」でも次位の「統合的一者」(wāḥid)の「一」とは違って、数の一ではなく、数の一を超えた一、つまりゼロとほとんど同じ意味である、とされます。ゼロ、すなわち存在的には無。外的分節はもとより内的分節すらない無分節の存在リアリティーであって、この意味で、一切の相対的区別を無限に超越するという絶対超越性を唯一の特徴とします。絶対超越ですから、むろん、不可視、不可知であります。

ところが、前にも名前を挙げましたアブド・ル・カリーム・ジーリー(al-Jīlī,『完全な人間』の著者)に代表されるもう一派の人々は、このような存在の究極位の構造化を不充分、不徹底であるとして斥けます。彼らは純粋存在の「内」「外」を分離し、「内」すなわち否定面だけを「存在の本体」として、それを全形而上学体系の最高階位とし、純粋存在の「外」すなわち有に向かって働き出そうとする創造的側面の方はそれより一段下った第二番目の階位として、これを特に「絶対一者」の領域(アハディーヤ)とするのです。ですから同じ「アハディーヤ」という言葉を使っても、第一派と第二派とでは構造的意味が違う。第一派の人たちにとっては、アハディーヤは存在の究極点、それ自体は形而上的絶対無、「秘密」でありながら、しかも存在的有の根源として、限りない存在者の発出点となるという、構造的に内的矛盾の緊張を孕んだ超越者であるのに反して、第二派の人々の見解では、アハディーヤは、このいわば有の方に顔を向けた無の側面だけに限られるのであって、形而上学的には第二階位の領域であり、事実上は、もちろん、無ではあるけれども、まったくの無限定ではなく、すでにある意味で絶対無が限定された境位であると考えるのであります。そしてこの意味で、アハディーヤを純粋存在の「第一次限定態」(ta'ayyun awwal)と呼びます。

このように、たとい目には見えない限定であるにせよ、とにかく限定されているとすれば、アハディーヤは絶対未発、絶対無条件の状態ではあり得ないのでありまして、従って厳密な意味での形而上学的究極者は、どうしても先に申しました純粋存在の否定的側面、つまり「内」でなければなりません。第二派の人々によれば、それが本当の「秘密」であり、その意味を強調するために、ただ ghaib といわないで、ghaib al-ghuyūb（文字通りには「あらゆる秘密のそのまた秘密」）と申します。老子流にいえば、「衆妙之門」から一応完全に切り離して考えた「玄之又玄」（玄のまた玄）というわけです。「太極」と切り離して考えた「無極」といってもいいでしょう。この派の人々が、こう解された「秘密」すなわち形而上的絶対無を「存在の本体」(dhāt al-wujūd)と見なすことは前に申しました。

第一派の考え方を採るにせよ、第二派の考え方を採るにせよ、結局、本質的に大した違いはないようですが、形而上学の構成としてはかなり違ってきます。第二派のシステムの方が少なくとも形式的には第一派のそれより整理がよくついておりますので、ここでは第二派の立場から存在一性論の形而上学・存在論の全体的構造を略述して、それで本論を終えることにいたしたいと思います。

まず至高の「秘密」、絶対的に未発、無分節、すなわち、厳密には、まだ未発とも無分節とすらいうことのできない無――なぜなら未発とか無分節として表象したとたんに、それはそういう否定的限定を受けてしまいますから。それから一段下って「絶対一者」(アハド)。この絶対一者の次元に開ける形而上的領域「アハディーヤ」にきて、はじめて未発とか無分節とかいう言葉が有意味的に使用できることになる。すなわち無がこれから有に向かって展開しはじめようとする状態、まったく未発ですからそれ自体は依然として無ですけれど、已発《いはつ》への傾きを内に秘めた無という意味での「一」です。荘子のいわゆる「無無」(「無の無の無」つまり経験的事物を無化した無をさらにもう一度無化した無)を「秘密」としての絶対無に当るとすれば、同じく荘子の「無無」(無の無)がこの「絶対一者」としての無に当ると考えていいと思います。

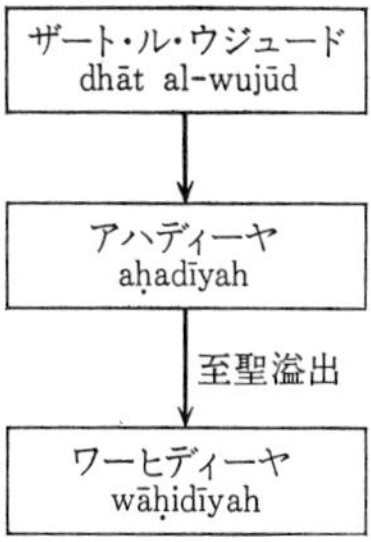

とにかく、絶対一者の無の只中から存在の自己顕現が、はじめて発動してくる。ここに見られる存在顕現の原初的発動をイブン・アラビーは「至聖溢出《いっしゅつ》」(faiḍ aqdas)すなわち最も神聖な存在流出と呼びました。存在一性論者の重要な術語の一つとなって現在まで使われております。そしてこの至聖溢出の結果、絶対一者は「統合的一者」(wāḥid)に転じ、統合的

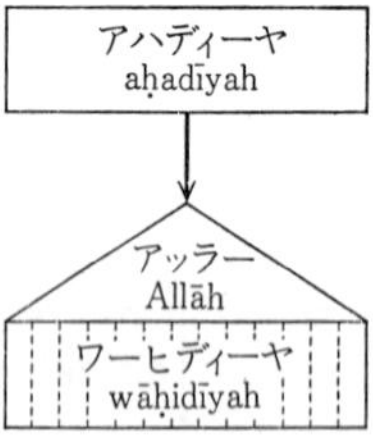

一者の領域が一つの確然たる存在領域として生起します。統合的一者とは、これから万物となって四方八方に拡散していく直前の一、逆に見れば、ありとあらゆるものを渾然と一つにまとめた一、という意味。前にも申しましたが、荘子の「渾沌」に当る、存在の無差別的カオスであります。外的には無差別で、何ものもそこには識別されませんが、内的には、存在可能性として分割の線が縦横に走っている、つまりすでに内的に分節されている状態です。この点が、内的にも外的にもまったく分節のない絶対一者とは違います。

統合的一者のこの内的分節ということを考えるにさいして、イブン・アラビーの形而上学的ヴィジョンのなかに、イスラーム神学独特の考え方が混入してきます。すなわち、統合的一者が内的に分節されていて、その意味では多者であるのに、しかもそれが一者であるというからには、それらの多者を実際に一に統合し、一の状態に把持している力がなければならない。多者のこの統合点を彼は神(アッラー)と見るのです。ですから存在顕現の過程としては、アハディーヤがワーヒディーヤに転じる場合に、まずアッラーが顕現し——というより、もっと正確には、アッラーとして顕現し——その神の内部分節としてワーヒディーヤの内部分節が成立する、という考えであります。

ところで神の内部分節とは、イスラーム神学の本来の用語で申しますと神名と神の属性のことです。神にはコーランに認められたいろいろな名前(ism, 複 asmā')がある。たとえば「慈悲深いもの」とか「(罪人を)罰するもの」とか「創造主」とか。「アッラー」というのも本当は神名の一つなのですが、この語には「神」という意味のほかに特殊の意味がありませんので、特に総称的神名とか最大の神名とか申しまして、他の一切の名前をその特殊化として成立させる太源と考える。つまりこの一つの名のうちに他のすべての神名が含意されている、とするのであります。そしてそういう神名がそれぞれ意味する性質を神の属性(ṣifah, 複 ṣifāt)といたします。

ですからワーヒディーヤとは、神学的にその構成を見ますと、アッラーという総称的神名の下に連なる多くの個別的神名と、個別的神名によって示唆されるいろいろな属性からなる神的領域ということになるのです。そしてまた、同じく神学的見地からすると、神の属性は神が自らを意識する時の意識内容をなすものでありまして、この点からワーヒディーヤは神的意識、つまり神の自意識の領域ともいわれます。したがって、絶対無がまずアハディーヤを通って神として顕現し、その神が自らを意識することによってワーヒディー

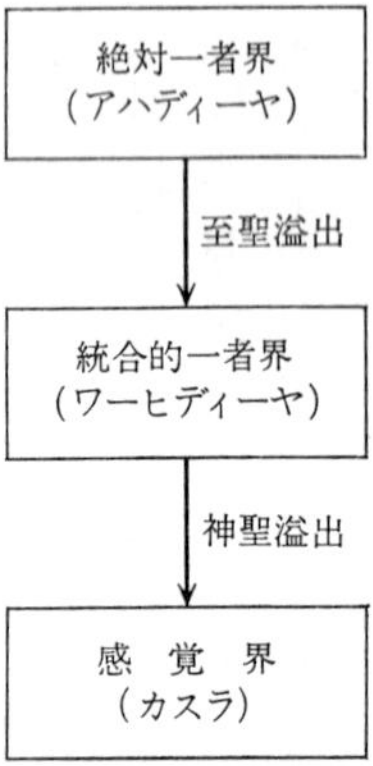

ヤの内的分節の領域が生起する。大体、こういう筋道になっております。

イブン・アラビーは、しかし、ただ伝統的なイスラーム神学の考え方を自分の形而上学の構造のなかに導入してきただけでなしに、さらにこれを彼独特の仕方で存在論化しました。それが後世のイスラーム哲学の歴史に甚大な影響を及ぼすことになった「有無中道の実在」(aʻyān thā-bitah)という考えであります。すなわち神名の意味的表現としての属性は、それぞれが一つの存在元型として自らを外化すると見るのでありまして、ちょうどプラトンのイデアのように——事実、イブン・アラビーはプラトンのイデア論の影響の下にこの思想を展開させた、と考える学者もたくさんおります——存在元型なるものはわれわれの経験的意識にとっては、あるともいえず、さりとてないともいえない性質のものですので、これを「有無中道の実在」と名付けました。

イブン・アラビーのよく引用される有名な言葉に、「有無中道の実在はまだ存在の匂いさえ嗅いだことがない」とありますが、ここで「存在」とは経験的・感覚的次元における存在性のことで、要するに「有無中道の実在」はそのままの形では感覚界にはまったく実在していないという意味です。感覚的に実在はしていないが、しかしそれらは永遠の存在元型、あるいは範型でありまして、この鋳型を通ることによって、存在リアリティーはさまざまな具体的事物となって顕現する。こうしてワーヒディーヤの次の存在領域として経験的世界が誕生します。そしてそれが存在顕現の最終段階であります。

ワーヒディーヤから感覚的事物に顕現的に移行するこの存在エネルギーの働きを、イブン・アラビーは「神聖溢出」(faiḍ muqaddas)と呼びました。「神聖溢出」は先に挙げた「至聖溢出」と対比的に、存在顕現が二段に分れて行われることを示します。

絶対一者は、この訳語自体が示唆しておりますように、内面的にも外面的にも徹底して一。統合的一者は外面的には一、内面的には多。感覚界は徹底して多。そしてこれらすべての究極的根源として絶対無。無から一をとおって多へ、この全過程を貫いて一条の道が走っている、それが存在顕現なのであります。

いま私は「過程」という言葉を使いました。そしてまた事実、絶対無に始まって感覚的多者の成立に終る存在顕現を、私は一種の過程として、すなわちあたかも時間的推移であるかのように記述してまいりました。しかし実を申しますと、存在顕現を時間的推移と受け取られることは、存在一性論としては、大変困ることなのでありまして、本当は全体を一つの永遠的事態としてとってもらいたいというのがその立場であります。存在顕現は、たしかに宇宙的存在エネルギーの展開であるにしても、本来的あるいは第一義的には、それは無時間的展開、つまり全存在界の一挙展開です。絶対無を形而上的極限とする絶対一者(アハディーヤ)を中心点として、そこからあらゆる方向に発出し、一段また一段と次第に外に向かって階層的に存在界を形成しながら、ついに外周の感覚界までできてわれわれの普通の経験的世界になる。形象的構造としては、まさに密教のマンダラに比すべき存在マンダラでありまして、中心点から外周の円まで、一切が一時に展開してそこにある。それが存在一性論の説く存在顕現です。すべてが一挙に展開するのですから無時間です。時間的過程ではありません。

ですが、また、無時間とはいっても――密教マンダラの構造的内動性にもはっきり現われていますように――完全に出来上ってしまって、凝結して動かないというのではありません。逆にこのマンダラの内的構造は不断に生成してやまぬ存在の生命力の充実です。存在マンダラを内的緊張に充ちた流動体たらしめるこの存在の生命力こそ、イブン・アラビーが「慈愛の息吹き」という言葉であらわそうとしたものであります。すなわち中心点から外周までの発出、そして外周から中心点への還帰が一瞬も停止することなく、しかも瞬間瞬間に繰り返されている。不断に動いているのに、しかもマンダラ全体は微動だにしていない。静と動の同時現成、これが全存在界の無時間的次元での一挙開顕なのです。

このことを説明するためにイスラームの思想家たちは、よく太陽と光線の比喩を使います。太陽から光が発出して四方八方に散っていく。太陽が先で光が後なのか。しかし太陽と光との間には時間的前後はない。太陽があれば、そこにそのまま光が現われる。太陽が光として顕現する。前も後もありません。しかも太陽と光との間には、無時間的、あるいは非時間的に前・後がある。一者と多者との存在論的関係もそういう前後関係だ、と申します。

ここで注意されなければならないのは、太陽がなければ光もないということ。一者の自己分節的顕現によってはじめて、現象的多者は存在する。だが、もっと大切なことは、逆に光がなければ太陽もないということです。つまり、現象的多者が存在しなければ一者の形而上的存立もありえない、ということであります。つまり、存在一性論的に表現しますと、自己顕現は偶成的に存在に起ってくる動きのようなものではなくて、存在リアリティーそのものの構造に深く根ざした内在的、本源的な力動性《ダイナミズム》なのです。自己分節的に顕現するということがなければ、存在が存在でありえないことはもちろん、絶対無すら絶対無ではありえない。存在一性論の形而上学は、徹頭徹尾、存在顕現の構造学であり、観想意識の現象学なのであります。

井筒俊彦

1914-93年
1937年慶応義塾大学文学部卒業
専攻―哲学，意味論
著書―『アラビア思想史』『アラビア哲学』『神秘哲学』(上下)『イスラーム生誕』『アラビア語入門』『マホメット』『ロシヤ的人間』『意味の構造』『イスラーム思想史』
『Language and Magic』『The Structure of the Ethical Terms in the Koran』『God and Man in the Koran, A Semantic Analysis of the Koranic Weltanschauung』『The Concept of Belief in Islamic Theory』『Ethico-Religious Concepts in the Qur'ān』
『The Key Philosophical Concepts in Sufism and Taoism』『Toward a Philosophy of Zen Buddhism』
訳書―『コーラン』(上中下)(岩波文庫)
サドラー『存在認識の道――存在と本質について』
ルーミー『ルーミー語録』(岩波書店)

イスラーム哲学の原像　岩波新書(黄版)119

1980年5月20日　第1刷発行
2022年12月5日　第11刷発行

著　者　井筒俊彦《いづつとしひこ》

発行者　坂本政謙

発行所　株式会社 岩波書店
〒101-8002 東京都千代田区一ツ橋 2-5-5
案内 03-5210-4000　営業部 03-5210-4111
https://www.iwanami.co.jp/

新書編集部 03-5210-4054
https://www.iwanami.co.jp/sin/

印刷・精興社　カバー・半七印刷　製本・中永製本

ISBN 4-00-420119-5　Printed in Japan

岩波新書新赤版一〇〇〇点に際して

ひとつの時代が終わったと言われて久しい。だが、その先にいかなる時代を展望するのか、私たちはその輪郭すら描きえていない。二〇世紀から持ち越した課題の多くは、未だ解決の緒を見つけることのできないままであり、二一世紀が新たに招きよせた問題も少なくない。グローバル資本主義の浸透、憎悪の連鎖、暴力の応酬——世界は混沌として深い不安の只中にある。

現代社会においては変化が常態となり、速さと新しさに絶対的な価値が与えられた。消費社会の深化と情報技術の革命は、種々の境界を無くし、人々の生活やコミュニケーションの様式を根底から変容させてきた。ライフスタイルは多様化し、一面では個人の生き方をそれぞれが選びとる時代が始まっている。同時に、新たな格差が生まれ、様々な次元での亀裂や分断が深まっている。社会や歴史に対する意識が揺らぎ、普遍的な理念に対する根本的な懐疑や、現実を変えることへの無力感がひそかに根を張りつつある。そして生きることに誰もが困難を覚える時代が到来している。

しかし、日常生活のそれぞれの場で、自由と民主主義を獲得し実践することを通じて、私たち自身がそうした閉塞を乗り超え、希望の時代の幕開けを告げてゆくことは不可能ではあるまい。そのために、いま求められていること——それは、個と個の間で開かれた対話を積み重ねながら、人間らしく生きることの条件について一人ひとりが粘り強く思考することではないか。その営みの糧となるものが、教養に外ならないと私たちは考える。歴史とは何か、よく生きるとはいかなることか、世界そして人間はどこへ向かうべきなのか——こうした根源的な問いとの格闘が、文化と知の厚みを作り出し、個人と社会を支える基盤としての教養となった。まさにそのような教養への道案内こそ、岩波新書が創刊以来、追求してきたことである。

岩波新書は、日中戦争下の一九三八年一一月に赤版として創刊された。創刊の辞は、道義の精神に則らない日本の行動を憂慮し、批判的精神と良心的行動の欠如を戒めつつ、現代人の現代的教養を刊行の目的とする、と謳っている。以後、青版、黄版、新赤版と装いを改めながら、合計二五〇〇点余りを世に問うてきた。そして、いままた新赤版が一〇〇〇点を迎えたのを機に、人間の理性と良心への信頼を再確認し、それに裏打ちされた文化を培っていく決意を込めて、新しい装丁のもとに再出発したいと思う。一冊一冊から吹き出す新風が一人でも多くの読者の許に届くこと、そして希望ある時代への想像力を豊かにかき立てることを切に願う。

（二〇〇六年四月）

宗教

最澄と徳一 仏教史上最大の対決	師 茂樹
ブッダが説いた幸せな生き方	今枝由郎
ヒンドゥー教10講	赤松明彦
東アジア仏教史	石井公成
ユダヤ人とユダヤ教	市川 裕
初期仏教 ブッダの思想をたどる	馬場紀寿
内村鑑三 悲しみの使徒	若松英輔
トマス・アクィナス 理性と神秘	山本芳久
アウグスティヌス 「心」の哲学者	出村和彦
パウロ 十字架の使徒	青野太潮
弘法大師空海と出会う	川﨑一洋
高野山	松長有慶
マルティン・ルター	徳善義和
教科書の中の宗教	藤原聖子
『教行信証』を読む 親鸞の世界へ	山折哲雄
国家神道と日本人	島薗 進
聖書の読み方	大貫 隆
親鸞をよむ◆	山折哲雄
日本宗教史	末木文美士
法華経入門	菅野博史
中世神話	山本ひろ子
イスラム教入門	中村廣治郎
ジャンヌ・ダルクと蓮如	大谷暢順
蓮如	五木寛之
キリスト教と笑い	宮田光雄
密教	松長有慶
仏教入門	三枝充悳
モーセ	浅野順一
日本の新興宗教	高木宏夫
イスラーム(回教)	蒲生礼一
背教者の系譜	武田清子
聖書入門	小塩 力
イエスとその時代	荒井 献
慰霊と招魂	村上重良
国家神道	村上重良
お経の話	渡辺照宏
死後の世界	渡辺照宏
日本の仏教	渡辺照宏
仏教〔第二版〕	渡辺照宏
禅と日本文化	鈴木大拙 北川桃雄 訳

哲学・思想

死者と霊性　末木文美士編
道教思想10講　神塚淑子
マックス・ヴェーバー　今野元
新実存主義　マルクス・ガブリエル　廣瀬覚訳
日本思想史　末木文美士
ミシェル・フーコー　慎改康之
ヴァルター・ベンヤミン　柿木伸之
モンテーニュ　人生を旅するための7章　宮下志朗
マキァヴェッリ　鹿子生浩輝
世界史の実験　柄谷行人
ルイ・アルチュセール　市田良彦
異端の時代　森本あんり
ジョン・ロック　加藤節
インド哲学10講　赤松明彦
マルクス 資本論の哲学　熊野純彦
日本文化をよむ　5つのキーワード　藤田正勝

中国近代の思想文化史　坂元ひろ子
憲法の無意識　柄谷行人
ホッブズ　リヴァイアサンの哲学者　田中浩
プラトンとの哲学　対話篇をよむ　納富信留
〈運ぶヒト〉の人類学　川田順造
哲学の使い方　鷲田清一
ヘーゲルとその時代　権左武志
人類哲学序説　梅原猛
加藤周一　海老坂武
哲学のヒント　藤田正勝
空海と日本思想◆　篠原資明
論語入門　井波律子
トクヴィル　現代へのまなざし　富永茂樹
和辻哲郎　熊野純彦
現代思想の断層　徳永恂
宮本武蔵　魚住孝至
西田幾多郎　藤田正勝
丸山眞男　苅部直

西洋哲学史　近代から現代へ　熊野純彦
西洋哲学史　古代から中世へ　熊野純彦
世界共和国へ　柄谷行人
悪について　中島義道
神、この人間的なもの◆　なだいなだ
偶然性と運命　木田元
近代の労働観　今村仁司
プラトンの哲学　藤沢令夫
術語集 Ⅱ　中村雄二郎
マックス・ヴェーバー入門　山之内靖
ハイデガーの思想　木田元
臨床の知とは何か　中村雄二郎
新哲学入門　廣松渉
「文明論之概略」を読む　上・中・下　丸山真男
術語集　中村雄二郎
死の思索　松浪信三郎
戦後思想を考える◆　日高六郎
イスラーム哲学の原像　井筒俊彦

岩波新書より

岩波新書より

教育

大学は何処へ 未来への設計	吉見俊哉
教育は何を評価してきたのか	本田由紀
小学校英語のジレンマ	寺沢拓敬
アクティブ・ラーニングとは何か	渡部淳
保育の自由	近藤幹生
異才、発見！	伊藤史織
パブリック・スクール	新井潤美
新しい学力	齋藤孝
学びとは何か	今井むつみ
考え方の教室	齋藤孝
学校の戦後史	木村元
保育とは何か	近藤幹生
中学受験	横田増生
いじめ問題をどう克服するか	尾木直樹
教育委員会	新藤宗幸
先生！	池上彰編
教師が育つ条件	今津孝次郎
大学とは何か	吉見俊哉
赤ちゃんの不思議	開一夫
日本の教育格差	橘木俊詔
社会力を育てる	門脇厚司
子どもが育つ条件	柏木惠子
障害児教育を考える	茂木俊彦
誰のための「教育再生」か	藤田英典編
教育力	齋藤孝
思春期の危機をどう見るか	尾木直樹
幼児期	岡本夏木
教科書が危ない	入江曜子
「わかる」とは何か	長尾真
学力があぶない	大野晋 上野健爾
ワークショップ	中野民夫
子どもの危機をどう見るか	尾木直樹
子どもの社会力	門脇厚司
教育改革	藤田英典
子どもとあそび	仙田満
子どもと学校	河合隼雄
教育とは何か	大田堯
からだ・演劇・教育	竹内敏晴
教育入門	堀尾輝久
子どもの宇宙	河合隼雄
子どもとことば	岡本夏木
自由と規律	池田潔
私は二歳	松田道雄
私は赤ちゃん	松田道雄
ある小学校長の回想	金沢嘉市

岩波新書より

日本史

- 上杉鷹山 「富国安民」の政治 — 小関悠一郎
- 藤原定家『明月記』の世界 — 村井康彦
- 性からよむ江戸時代 — 沢山美果子
- 景観からよむ日本の歴史 — 金田章裕
- 律令国家と隋唐文明 — 大津　透
- 伊勢神宮と斎宮 — 西宮秀紀
- 百姓一揆 — 若尾政希
- 給食の歴史 — 藤原辰史
- 大化改新を考える — 吉村武彦
- 江戸東京の明治維新 — 横山百合子
- 戦国大名と分国法 — 清水克行
- 東大寺のなりたち — 森本公誠
- 武士の日本史 — 髙橋昌明
- 五日市憲法 — 新井勝紘
- 後醍醐天皇 — 兵藤裕己
- 茶と琉球人 — 武井弘一

- 近代日本一五〇年 — 山本義隆
- 語る歴史、聞く歴史 — 大門正克
- 義経伝説と為朝伝説 日本史の北と南 — 原田信男
- 出羽三山 山岳信仰の歴史を歩く — 岩鼻通明
- 日本の歴史を旅する — 五味文彦
- 一茶の相続争い — 高橋　敏
- 鏡が語る古代史 — 岡村秀典
- 日本の近代とは何であったか — 三谷太一郎
- 戦国と宗教 — 神田千里
- 古代出雲を歩く — 平野芳英
- 自由民権運動 〈デモクラシー〉の夢と挫折 — 松沢裕作
- 風土記の世界 — 三浦佑之
- 京都の歴史を歩く — 小林丈広・高木博志・三枝暁子
- 蘇我氏の古代 — 吉村武彦
- 昭和史のかたち — 保阪正康
- 「昭和天皇実録」を読む — 原　武史
- 生きて帰ってきた男 — 小熊英二

- 遺骨 戦没者三一〇万人の戦後史 — 栗原俊雄
- 在日朝鮮人 歴史と現在 — 水野直樹・文京洙
- 京都〈千年の都〉の歴史 — 高橋昌明
- 唐物の文化史◆ — 河添房江
- 小林一茶 時代を詠んだ俳諧師 — 青木美智男
- 信長の城 — 千田嘉博
- 出雲と大和 — 村井康彦
- 女帝の古代日本 — 吉村武彦
- 秀吉の朝鮮侵略と民衆 — 北島万次
- コロニアリズムと文化財 — 荒井信一
- 特高警察 — 荻野富士夫
- 朝鮮人強制連行 — 外村　大
- 古代国家はいつ成立したか — 都出比呂志
- 渋沢栄一 社会企業家の先駆者 — 島田昌和
- 漆の文化史 — 四柳嘉章
- 平家の群像 物語から史実へ — 高橋昌明
- シベリア抑留 — 栗原俊雄

(2021.10)　◆は品切，電子書籍版あり．　(N1)

世界史

スペイン史10講	立石博高
ヒトラー	芝健介
ユーゴスラヴィア現代史〔新版〕	柴宜弘
東南アジア史10講	古田元夫
チャリティの帝国	金澤周作
太平天国	菊池秀明
ドイツ統一	アンドレアス・レダー 板橋拓己訳
人口の中国史	上田信
カエサル	小池和子
世界遺産	中村俊介
奴隷船の世界史	布留川正博
独ソ戦 絶滅戦争の惨禍	大木毅
イタリア史10講	北村暁夫
フランス現代史	小田中直樹
移民国家アメリカの歴史	貴堂嘉之
フィレンツェ	池上俊一
マーティン・ルーサー・キング	黒﨑真
ナポレオン	杉本淑彦
ガンディー 平和を紡ぐ人	竹中千春
イギリス現代史	長谷川貴彦
ロシア革命 破局の8か月	池田嘉郎
天下と天朝の中国史	檀上寛
孫文	深町英夫
古代東アジアの女帝	入江曜子
新・韓国現代史	文京洙
ガリレオ裁判	田中一郎
人間・始皇帝	鶴間和幸
袁世凱	岡本隆司
二〇世紀の歴史	木畑洋一
イギリス史10講	近藤和彦
植民地朝鮮と日本	趙景達
シルクロードの古代都市	加藤九祚
中華人民共和国史〔新版〕	天児慧
物語 朝鮮王朝の滅亡◆	金重明
新・ローマ帝国衰亡史	南川高志
近代朝鮮と日本	趙景達
マヤ文明	青山和夫
北朝鮮現代史◆	和田春樹
四字熟語の中国史	冨谷至
李鴻章	岡本隆司
新しい世界史へ	羽田正
パル判事	中里成章
グランドツアー 18世紀イタリアへの旅	岡田温司
マルコムX	荒このみ
パリ 都市統治の近代	喜安朗
ノモンハン戦争 モンゴルと満洲国	田中克彦
中国という世界	竹内実
ウィーン 都市の近代	田口晃
紫禁城	入江曜子
ジャガイモのきた道	山本紀夫
北京	春名徹
創氏改名	水野直樹